谈判尺度

在博弈中实现双赢

[美] 拉塞尔·科罗布金 | 著
（Russell Korobkin）

李 矫 | 译

中信出版集团 | 北京

图书在版编目（CIP）数据

谈判尺度：在博弈中实现双赢 /（美）拉塞尔·科罗布金著；李娇译 . —北京：中信出版社，2022.1
书名原文：THE FIVE TOOL NEGOTIATOR
ISBN 978-7-5217-3663-2

I. ①谈… II. ①拉… ②李… III. ①谈判学－通俗读物 IV. ① C912.3-49

中国版本图书馆 CIP 数据核字（2021）第 218807 号

谈判尺度——在博弈中实现双赢
著者：　[美] 拉塞尔·科罗布金
译者：　李娇
出版发行：中信出版集团股份有限公司
（北京市朝阳区惠新东街甲 4 号富盛大厦 2 座　邮编　100029）
承印者：　中国电影出版社印刷厂

开本：880mm×1230mm 1/32　　印张：9.75　　字数：242 千字
版次：2022 年 1 月第 1 版　　印次：2022 年 1 月第 1 次印刷
京权图字：01-2021-4027　　书号：ISBN 978-7-5217-3663-2
定价：59.00 元

目 录

工具二：说服 _ 045

工具二的关键点 _ 105

工具三：交易设计 _ 107

工具五：公平规范 _ 181

序

棒球球探们在全球寻找具备“五个工具”——出色的打击率、击球力量、防守、投掷和跑垒能力——的全能型球员。具备“五个工具”的全能型运动员在比赛中的各个位置都很出色。威利·梅斯、罗伯托·克莱门特、汉克·艾伦、弗兰克·罗宾逊和受膝盖伤病困扰前的米基·曼特尔被认为是史上最好的全能型棒球运动员。这些传奇人物中的每一位都带领他们的球队获得过世界职业棒球大赛的冠军。

谈判就像棒球比赛一样，只有具备五个方面的能力（五个工具），才能取得胜利。幸运的是，对我们大多数人来说，不需要有打出大联盟曲线球的能力。这五个工具是赢得任何谈判的关键。也就是说，无论你是和 CEO（首席执行官）谈上千万美元的企业兼并，和律师谈上百万美元的诉讼和解，和采购代理谈数十万美元的销售合同，和汽车经销商谈购买几万美元的雷克萨斯，向老板提出上千美元的加薪，还是与孩子商定可行的睡觉时间，这些工具都必不可少。通过了解这些工具如何起作用，商业领域、专业领域、消费领域甚至家庭购买力领域的谈判者都能提升自身的认知深度和战术灵活性，进而在竞争中脱颖而出。

工具一——谈判区间分析，确定对双方都有利的协议范围。

工具二——说服，使对方相信达成协议将对他有利，他不应做出其他选择。

工具三——交易设计，拟订使潜在协议更有价值的条款。

工具四——谈判权，迫使对方按对你相对有利的条件达成协议。

工具五——公平规范，提供让谈判双方都能感觉满意，从而达成协议的框架。

一个棒球运动员不一定在“五个工具”方面都能力过人。即使那些精英专业运动员，也很少有“五个工具”都擅长的。出色的击打能力可以弥补防守的一些弱点，一个手臂强壮、速度快的外场手的职业生涯可能很长，即使他无法打出本垒打。只有在“五个工具”方面都擅长的球员，才称得上真正的全能型运动员。

对于谈判者来说也是如此。你不需要精通谈判的五个工具之后再去谈判。对其中一两个工具有天然的本能，你就可以开始谈判。大多数专业人士就是以这种方式驰骋商界的。其实，拥有五个工具的谈判者可以在不同谈判层面游刃有余。这种谈判者很罕见，即使是那些在特定工作领域颇有成就的人。本书将帮助你掌握谈判的五个工具，成为一名谈判精英。

五个工具的方法是通用的。谈判就是寻求他人帮助来实现我们的目标的沟通过程。本书将这个关键的社交过程分解为出现在每一次谈判中的核心因素，讲述它们是如何结合的，并且提供了如何掌控谈判的路线图。五个工具涉及为谈判创造优势的各种战术和技巧。你可以利用它们来和你的客户、老板、二手车经销商或你的配偶和孩子进行谈判。

五个工具的方法是严谨的。本书内容历经打磨，汇集了我过去 25 年的学习、写作和教授来自全球的法学与商学学生以及商业与法律专业人士如何谈判的精华。我的方法建立在数十年对经济学、决策理论、社会心理学、博弈论、行为经济学、认知心理学、社会心理学、商业和法律等进行研究的基础上，同时也基于我作为管理顾问和律师的实践经验。虽然本书是写给谈判者的,不是写给学者的,但仍是以科学为基础的。在本书中，你将了解许多有趣的社会学研究，它们是谈判中五大工具框架的基础。

五个工具的方法是可行的。我提供了一个简单的结构，你可以很容易地学习、记住并立即运用。你只需要记住五个工具，在谈判中加以应用，就可以评估自己在谈判中的表现，并通过批判性地评估你在谈判过程中使用每一种谈判工具的能力，提高谈判技能。

工具一：谈判区间分析

1
两位投手的故事

2011 年 8 月，安纳海姆洛杉矶天使队向该队的头号投手杰瑞·韦弗开出了 5 年 8500 万美元的续约合同。这看起来是份大合同，但是多数分析人士认为，即使在当时，这份合同也对天使队相对有利。在 2010 赛季，韦弗在美国职棒大联盟赛扬奖投票中排名第五，赛扬奖每年授予联盟最佳投手。他在 2011 赛季的表现更好。4 月，他创下了自己作为先发投手取得 6 场比赛胜利的最快纪录，平了美国职棒大联盟纪录；7 月，他被选为美国职棒大联盟全明星赛先发投手。

韦弗的经纪人司各特·波拉斯建议他拒绝这份合同，等一年后他成为自由球员时，再和其他球队签订一份长期合同，届时合同金额可能高得多。韦弗拒绝了这一建议，签订了合同。波拉斯对韦弗的决定很懊恼，以至拒绝参加官宣发布会。

马特·哈灵顿是美国南加州另一位很有前途的明星投手，但他的结局完全不一样。2000 年，哈灵顿是佳得乐高中年度最佳棒球运动员，在大联盟选秀中被科罗拉多落基山队第七顺位选中。哈灵顿的经纪人汤米·坦泽公开要求 495 万美元的签约金额，因为哈灵顿是天才型球员。经过两个月的艰难谈判，他说服了落基山队将报价从原来的 220 万美元提高到 490 万美元，但有一些附加条件。最终落基山队没有答应，哈灵顿也拒绝了落基山队最初开出的条件。打了几个赛季的业余比赛之后，哈灵顿去了开市客的轮胎部门工作，时薪 11.5 美元。[1] 他始终没能加入大联盟球队。

谈判迫使我们去比较两种可能的结局：一种是与对方达成协议；另一种是陷入僵局，达不成协议。不像法官、联邦税务局或者抢劫犯强迫进行货物或金钱交换，谈判协议要求谈判双方——视情况而定，也可能是多方——的同意。在达成协议和拂袖而去之间总有选择的余地。

谈判区间分析——五个工具之首——让全能型谈判者在可能的结局中做出正确的选择，也能让他们预测对手会如何做出相同的选择，从而知道谈判能够达成什么，不能达成什么。谈判者如果没有利用这一方法，或者用得不当，敷衍应付，就会签订他们本不应该签的合同，或者失去他们本应该抓住的机会。他们往往准备不充分，因此不能从交易中获取尽可能多的利益。

杰瑞·韦弗善于运用谈判区间分析，但马特·哈灵顿不善于运用。在我进一步阐述之前，有必要定义几个术语。

谈判区间是指谈判双方都愿意接受的协议范围，如果不能争取更好的条件，不至于达不成任何协议而离开谈判桌。如果没有一组避免双方陷入僵局的条件，就没有谈判区间。假设你愿意继续为公司工作，你的老板也想留住你，薪资 8 万美元、9 万美元或者 10 万美元双方都能够接受，这时我们可以说，所有潜在达成协议的点都在谈判区间内。

谈判区间的界限是谈判双方愿意接受的最低条件，我称之为谈判双方的保留点。如果谈判主要与钱有关，比如销售谈判或者薪资谈判，保留点就可以用金钱来衡量。这种情况下，我们可以称之为保留价格。如果你愿意接受的最低薪资是 7.5 万美元——假定不能说服公司给你更多的薪资，那么 7.5 万美元就是你的保留价格。如果公司愿意付你的薪资是 11 万美元——假如你不能接受更低的薪资，那么 11 万美元就是公司的保留价格。如果要哄你的孩子睡觉，你的保留点可能是饼干、睡前故事，或者唱童谣《小星星》。无论谈判的“通货”是什么，你的保留点都应该代表你必须给予或者获得的补偿，这样你才能在交易和不交易之间获得相同的价值，经济学家称之为“效用”。

大部分谈判涉及多个问题。例如，和老板的谈判可能涉及你的职位、休假时间和薪资，和孩子的睡前谈判可能涉及给什么好吃的、唱歌和挠背。在这种情况下，你的保留点可能是几个保留包，即条件的组合，每个保留包的效用相等，这会使得你不关心谈判是会达成协议还是会陷入僵局。例如，为了哄你那顽皮的孩子，你不会在乎选两块饼干，或一块饼干，唱5遍《小星星》，还是一块饼干，讲一个海盗故事。为了确保晚上能搞定孩子又不发脾气，除了这三种组合你不会给出更多选项。每一个选项都是一个保留包，合起来构成了你的保留点。

谈判区间越宽，谈判者通过达成协议实现的总效用就越多。如果你老板求贤若渴，保留点很高，而你又非常热爱你的工作，保留点很低，相比双方态度不冷不热，保留点更加接近，一份让你留在现有职位的协议对你和你的老板都更有价值。这种协议会产生合作盈余，我称之为总价值或者总效用。

举个简单的例子来说明这三个相关的概念。假设阿佛洛蒂忒有一张今晚的歌剧票，但她不想去看，而比彻有兴趣去看，于是两人决定见面谈票价。比彻最多愿意付70美元——他的保留点；阿佛洛蒂忒最少能接受20美元——她的保留点。这意味着谈判区间在20美元到70美元之间。少于20美元或多于70美元都不行，因为其中一方不会同意。如果阿佛洛蒂忒同意在谈判区间内以任一价格将票卖给比彻，协议就会产生50美元的合作盈余，因为对票价估值70美元的一方（比彻）比估值20美元的一方（阿佛洛蒂忒）更喜欢这个交易。值得注意的是，双方达成的价格会影响合作盈余的分配，但不会影响合作盈余的总量。如果他们按60美元达成交易，阿佛洛蒂忒获得的合作盈余是40美元——将对她来说值20美元的东西卖到了60美元；比彻获得的合作盈余是10美元——花60美元买到了对他来说值70美元的东西。如果他们商定的价格为45美元，那么每人将获得25美元的合作盈余。

歌剧票谈判区间

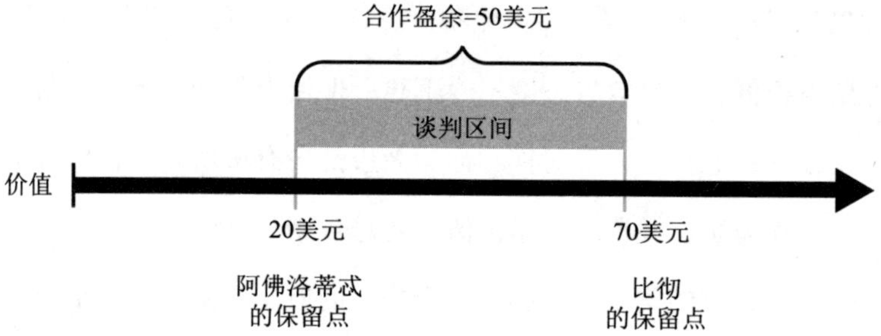

任何谈判者都会有保留点。即使比彻非常想去看歌剧，但如果价格过高，他也不会买票去看。同理，即使阿佛洛蒂忒不能去看歌剧，但如果转让价格低到她不能接受，她宁可把票免费送人，也不会把票卖给比彻。当然，她的保留点肯定不可能低于零。

虽然谈判者不可避免会有保留点，但是他们的确可以控制将保留点设为多少。阿佛洛蒂忒可以将她的保留点定在100美元、10美元或零，比彻可以把他的保留点定在5美元或500美元。谈判者的保留点应该精确地定位在达成交易的下限值和陷入僵局的上限值之间。当按这种方式正确地设定保留点时，谈判者就会拒绝达成任何比他们的保留点还糟糕的交易。相反，他们会接受在可谈判的范围内，比他们的保留点更好的最佳交易。后面，我们会讨论什么时候接受一个比自己的保留点更好的交易，什么时候继续施压以获取更好的交易这个棘手的问题。

没设立正确的保留点可能会直接导致谈判者犯两个最严重的错误，我们称之为谈判中的两个大忌。

- 第一个大忌：谈判者达成了他们本不应该达成的协议。当出现这种情况时，谈判者会陷入比他当初没达成协议时更糟糕的处境。
- 第二个大忌：当达成协议比没有达成协议更可取时，双方却陷入僵局，没能达成协议。

作为买方，比彻如果把保留点定得太高，就可能犯第一个大忌；如果把保留点定得太低，就可能犯第二个大忌。作为卖方，阿佛洛蒂忒如果把保留点定得过低，就可能犯第一个大忌；如果把保留点定得过高，就可能犯第二个大忌。

我们知道杰瑞·韦弗的保留点是8500万美元左右，因为他接受了8500万美元的报价。马特·哈灵顿的保留点一开始是

495 万美元，或者略低一些，因为他的经纪人公开表示，只有达到这个金额，哈灵顿才会签合同，尽管这往往是虚张声势（详见工具四）。但事实表明，他最终接受了僵局，没有接受一份只少了 5 万美元的报价合同。韦弗知道，如果在 2011 赛季和天使队的续约陷入僵局，可能会使他第二年与其他球队签下一份更大的合同，但结果表明他将保留点定得比经纪人推荐的低是个正确的选择，最终签下了一份 8500 万美元的合同。韦弗解释说，他在南加州长大，非常重视在离家近的地方打球。在这里打球，天气好，可以确保父母能够来现场观看每一场比赛。签下这份 5 年期的合同使他避免了成为自由球员而情绪波动，以及伤病或者糟糕的赛季降低他在转会市场的价值。“拜托！这可是 8500 万美元，比我想象中一生能赚的钱还多!”一年后，他对一位报社记者说，尽管他在 2011 年美国职棒大联盟赛扬奖的投票中排名第二。[2]

这并不意味着韦弗不应该让他的经纪人尽可能地与天使队老板阿泰·莫雷诺把合同价格谈高一些，因为保留点是最低要求，不是目标。但是，当波拉斯断定 8500 万美元是莫雷诺开出的最高价格时，韦弗接受了这笔交易，而不是再等一年去自由球员市场寻求交易。

相反，哈灵顿似乎设立了一个过高的保留点。这个错误使他犯下了第二个大忌——放弃一个比不签合同更好的协议。几乎所有人的追求，无论是达成协议，还是没有达成协议，都有带来坏结果的风险，而有风险的选择往往缘于人们认为潜在的回报是合理的。如果运气好一点，哈灵顿就会有更好的结局。他可以像自己希望的那样，在第二年获得一份更丰厚的合同，然后继续享受自己漫长而成功的投手生涯。但是哈灵顿想靠打棒球为生的强烈愿望，缺乏经济保障，拒绝落基山队的报价带来了显而易见的大风险，其实哈灵顿应该设定低一些的保留点。

2
决策分析 101

设立正确的保留点是决策分析的一个方面，决策分析是20 世纪中期形成的经济学的分支领域。[1] 谈判区间分析要求谈判者确定焦点谈判中达成协议的最低要求，这样谈判者就会接受协议，而不会陷入僵局，从而使效用最大化。

正确进行决策分析有三个基本步骤：

- 确定 B 计划；
- 比较焦点谈判中达成协议的效用结果与 B 计划中的效用结果；
- 计算保留点。

决策分析过程很复杂，但它为理解和使用其他四个谈判工具提供了绝对必要的基础。

确定 B 计划

B 计划是指如果谈判者在焦点谈判中陷入僵局，将会采取的备选方案。如果焦点谈判中出现僵局，谈判者就会追求其他方案。[2] 如果没有确定 B 计划就试图确定保留点是没有意义的——你只是在胡乱猜测。例如，如果杰瑞·韦弗事先不知道自己可以成为自由球员，他就不能准确地确定他应该接受天使队的最低薪资是多少。

比较两种选择

接下来要比较达成协议和如果追求你喜欢的 B 计划的好处。在某些情况下，如果两种选择的好处相似，你可能会和甲经销商谈新别克的价格，同时和乙经销商谈买同款车辆的价格，也就是 B 计划。但在其他情况下，焦点谈判和你的 B 计划会有不同的好处，这就使得比较这两种选择有些困难。

更糟糕的是，比较这些选择方案需要预测未来你将从每一种方案获得多少效用。这是无法精确计算的，有以下两个原因。首先，我们很善于预测一件事将会让自己感到快乐还是不快乐，例如，冰激凌意味着美味，蓖麻油意味着恶心，但我们却不擅长预测未来快乐或者不快乐的程度。

其次，我们将获得多少效用取决于事态未来的发展，这通常是不确定的。如果我正与人商量要买一个冰激凌，我可能会对吃冰激凌或者按照 B 计划吃一个甜甜圈的感觉相当自信。但我对开始一份新工作后的感觉就没那么自信了，因为新工作的内容可能比我想象的更有趣，也可能不如想象的有趣，甚至可能发现老板是个不讲道理的人。

预测未来的种种困难，意味着设立保留点要求我们比较焦点谈判中达成协议和选择 B 计划的期望效用而不是实际效用。这就要求考虑每一种选择可能带来的不同效用，权衡可能出现的情况，然后确定平均效用。预测未来还需要确定我们对风险的感知程度，因为在这些选择中，往往一种选择的风险比其他选择的风险更大。

计算保留点

几乎在所有的双边谈判中，你都可以把其中一方看作“买方”，把另一方看作“卖方”。将谈判者看成买方和卖方不是必须的，但这样做有助于确定谈判区间。在薪资谈判中，比如杰瑞·韦弗的薪资谈判，员工是卖方，通过谈判出卖自己的劳动力，雇主是买方，购买劳动力。在诉讼和解谈判中，原告是卖方（他们通过谈判行使在法庭上的权利），被告是买方。

在不涉及金钱支付的谈判中，通常可以把任何一方看作买方或者卖方。例如，近 30 年来，美国一直断断续续与朝鲜进行谈判，以限制或者消除朝鲜的核武器计划。在这些谈判中，你可以认为美国是用解除对朝鲜的制裁或和平使用核技术来“购买”核不扩散，或者说是为了“出售”经济自由化和经济援助来换取朝鲜的核让步。如果朋友们商量去哪里吃饭，看什么电影，朋友 A 可以在餐厅选择方面做出让步，以换取朋友 B 对电影选择的让步，反之亦然。

在协议的焦点谈判中，买方应该将保留点设定为他能够提供给卖方的最大补偿数额（金钱或其他），同时至少仍能享受选择 B 计划会带来的尽可能多的期望效用。买方应该将其保留点设定为自身能够接受的最低补偿数额，并且至少可以获得选择 B 计划会带来的尽可能多的期望效用。

在完全相同的情况下，对不同个人或者公司来说，正确的保留点可能不尽相同，因为与 B 计划相比，在达成协议的焦点谈判中他们可能有不同的主观偏好。有了客观标准，杰瑞·韦弗在与天使队谈判的时候，制订了一个很好的 B 计划——再等一年成为自由球员，就可以和出价最高的球队签约，金额可能超过 1 亿美元。但与 2011 年夏季与天使队续约，避免一年的不确定性和压力相比，B 计划的缺点对韦弗来说比对其他球员来说更明显，因为他们更关心自己的薪资，而不是在家乡的球队打球。

让我们思考一下在简单的歌剧票谈判的例子中双方是如何进行决策分析的。比彻今晚想去城里看歌剧，而阿佛洛蒂忒有一张票想卖。为简单起见，我们假设票房的票已经卖光，阿佛洛蒂忒是比彻知道的唯一一个有票的。当比彻准备为歌剧票谈判时，他的保留价格应该是多少呢？

第一步：如果比彻今晚不买票去看歌剧，他会干什么？我们假设他决定要去看一场芭蕾舞表演，并且票房还有票，价格是50美元。

第二步：比彻会去看歌剧还是看芭蕾舞，他更喜欢哪一个？我们假设，尽管他喜欢芭蕾舞，但他今晚更想去看歌剧，他从歌剧中获得的额外效用对他来说值20美元。

第三步：由于芭蕾舞的票价是50美元，对比彻来说，看歌剧比看芭蕾舞要多值20美元，因此比彻在和阿佛洛蒂忒的谈判中应该将保留价格定在70美元。比彻可能希望出价低于70美元，他可以使用本书工具二至工具五中的策略来讨价还价，但如果70美元是他能谈成的最好价格，他应该愿意支付70美元。如果他用70美元买不到歌剧票，他就应该去看芭蕾舞。

有两个因素应该不会影响比彻的保留点。歌剧票的面值无论是20美元，还是200美元，都无关紧要，因为歌剧表演公司原本的票价与比彻多大程度上选择看歌剧而不是芭蕾舞没有关系。如果票价是200美元，这说明歌剧制作可能很出色。也许票价如此之高是因为有优秀的男高音或者奢华的服饰，这可能会使得比彻更愿意去看歌剧而不是芭蕾舞。当然，这也会提高他的保留价格。

阿佛洛蒂忒把手里的票卖多少钱也与比彻的保留点无关。记住，保留点是谈判者认为达成协议比出现僵局更好或更糟的分界线。如果比彻认为歌剧的价值比芭蕾舞高 20 美元，而阿佛洛蒂忒不会以低于 150 美元的价格出售歌剧票，那么比彻的正确选择是去看芭蕾舞，而不是把自己的保留价格提高到 70 美元以上。在很多谈判中，最好的结果不是达成协议，善于利用谈判区间分析工具的谈判者总是能认识到他们身处哪种情况。

对许多谈判者来说，要真正理解这个关键点很难，因为他们直觉认为比彻的出价应该与阿佛洛蒂忒的要价有一定关系。这类直觉的问题在于，它混淆了“比彻的保留价格是多少”“为了尽可能获得最低价格，比彻的谈判策略应该是什么”这两个问题。阿佛洛蒂忒要价的高低可能会影响比彻如何使用其他四个谈判工具来达成最好的交易，但这不会影响他的保留点。

3
高级决策分析 I：调查 B 计划

知道该如何确定保留点之后，我们将更深入地研究决策过程。

在开始谈判之前，经过短暂考虑，谈判者通常可以大致确定他们 B 计划的总体情况。比彻可以确定，如果他不能与阿佛洛蒂忒达成协议，他就去看另一场演出。杰瑞·韦弗的 B 计划是成为自由球员，马特·哈灵顿的 B 计划是再等一年，重新参加大联盟选秀。试图协商和解的律师的 B 计划是将对方告上法庭。试图与孩子商量就寝时间的父母的 B 计划是把哭闹的孩子按到床上睡觉，或者允许孩子看动画片看到睡着，这都取决于父母。

然而，我们对 B 计划的了解程度不尽相同。通常情况下，拥有更具体和详细的信息会提高保留点的准确度。比彻可能不知道今晚有其他演出，即使知道，他也可能不知道这些演出的水平和票价。例如，如果他不知道另外唯一能让他感兴趣的表演的门票已经售完，他就可能会在与阿佛洛蒂忒的谈判中将保留点定得很低。另外，如果不知道一个备受好评的芭蕾舞剧有便宜的票，他可能将保留点定得很高。

这意味着在谈判之前，全能型谈判者必须调查 B 计划的可能后果。如果杰瑞·韦弗的经纪人没有事先调查哪些球队可能有兴趣签下他，以及他这个水平的自由球员投手明年能收到多大的合约，杰瑞·韦弗不可能充分比较成为自由球员和与天使队签约会有什么后果。在参加和解谈判之前，律师们会调查案子的事实并研究法律条文，这样他们就能够估计如果必须去法庭辩论，胜诉的可能性有多大。

然而，获取这种高度相关的信息几乎总是要花费大量的时间、精力或者金钱。这就产生了一个非常困难的问题：谈判者应该投入多少精力去调查 B 计划的性质、质量和可能产生的结果？

在任何特定的谈判中，探索 B 计划的复杂性是否合理取决于以下两个因素：

- 谈判的重要性；

- 在没有巨大投入的情况下，谈判者错估 B 计划效用的程度。

如果比彻不查看他可以观看的其他表演，他将被迫主观估计 B 计划的效用。如果估计不准确，他可能将歌剧票的保留点定在比谈判区间价格还要高或低二三十美元。也许比彻会把他的保留点定在 70 美元，因为他不知道他最喜欢的芭蕾舞剧正在上演，而且还有便宜的票。其实，他应该将保留点定在 45 美元。也就是说，如果他花 45 美元买歌剧票或者去看芭蕾舞剧，他将获得同等的期望效用。或者，如果唯一的另一场比彻稍微感兴趣的表演的票卖光了，他就应该将保留点定在 80 美元，因为无论是达成协议，还是选择 B 计划，他都将获得同等的期望效用。

在以上两种情况下，比彻在设定保留点时会很不幸地犯错误，但绝不是灾难，风险很低。由于风险有限，比彻花几个小时去了解镇上的每一场演出就是个更大的错误。比彻还可以花 5 分钟在互联网上查看是否有芭蕾舞演出，弄清楚票价。也许值得花点时间去看某位最喜欢的艺术批评家对表演的评价，这样可以大大降低（但不能完全消除）比彻不能准确设立保留点的风险。

杰瑞·韦弗的情况提供了鲜明对比。面对数千万美元的风险，漏掉分析关于自由球员市场的任何一条信息和其他球队怎样评估韦弗都是不可原谅的。韦弗会期待他的经纪人不惜时间和精力，提供最好的预测——有多少球队对他感兴趣，它们可能给出的报价是多少。

对B计划进行充分的研究后，你就可以将它的优点、缺点与焦点谈判中达成协议的利弊进行比较，这样你就能确定在什么条件下，对方愿意达成协议。

4
高级决策分析 II：比较差异点

为了明确焦点谈判中的哪些因素使得达成交易比追求 B 计划更可取，需要洞悉不同选择的差异。具体来说，需要评估焦点谈判和 B 计划之间的五种潜在差异：

- 每一种选择的可取之处；
- 每一种选择的风险；
- 每一种选择的交易成本；
- 每一种选择的时间成本和收益；
- 每一种选择对未来机会或关系的间接影响。[1]

为确保不忽略以上五点，我们首先要估计 B 计划的预期成本或预期收入，然后以此为“底线”上下调整，直到两种选择之间的差异使焦点谈判中的协议更加可取或不如所愿。

为了说明这一点，我们来看杰瑞·韦弗在和天使队的谈判中是如何确定他的保留点的。

确定B计划的“底线”成本或价值：基于杰瑞·韦弗的经纪人对自由球员市场的总体分析，尤其是针对韦弗的情况，韦弗可以得出结论——如果他选择B计划，最好的结果是在赛季结束后与非加州地区的球队，最有可能的是纽约洋基队或波士顿红袜队签订一份1亿美元的合同。于是，他应该以1亿美元为底线来计算保留点。

如果韦弗完全不在乎成为自由球员或者是否与天使队续约，他的保留点将会是1亿美元。但是实际情况要比这更复杂，因为通常情况下，两种选择之间的重要差异会影响韦弗的选择倾向。

特征差异：在一些谈判中，不管谈判者在焦点谈判中是达成协议还是陷入僵局或选择B计划，得失都是完全相同的。如果你正在谈判从甲经销商那里买一辆别克车，而你的B计划是从乙经销商那里买一辆一模一样的，最终不管你从哪家买，开回家的车都是完全相同的。但是这种情况很少见。通常，焦点谈判中协议允诺的前景与B计划有本质不同，从而使得一种选择比另一种选择更可取，即使这两种选择有很多共同点。

对杰瑞·韦弗来说，在天使队做投手和在大联盟的其他球队做投手差不多，但是两种选择不完全一样，其中的差异对他来说很重要。和天使队续约将更符合他为家乡球队效力的个人偏好，然而成为自由球员将很可能去其他州打球。成为天使队投手而不是洋基队投手或红袜队投手的主观利益决定了韦弗会愿意接受少于1亿美元的续约金额。他应该问过自己，无论谈判的通货是什么（在韦弗的案例中是钱），“这种差异对我来说值多少”。

我们假设留在天使队不换球队对韦弗来说值1000万美元。这意味着，如果地点是他与天使队续约和选择B计划的唯一区别，他的薪资保留点将是9000万美元。

风险差异：韦弗的经纪人可能会估计，作为自由球员将会获得1亿美元的薪资，但在谈判时，这完全不确定。事后来看，2012赛季，韦弗仍然是联盟顶级投手之一，很明显如果他在2012赛季之后成为自由球员，将会得到更高的报价。事实上，韦弗的天使队队友扎克·格雷恩科——另一位联盟最好的投手之一，当时并没有韦弗出名，但他在2012赛季结束时成为自由球员，和洛杉矶道奇队签订了一份6个赛季1.47亿美元的合同，这是当时右手投手签下的最大合同。如果韦弗听从波拉斯的建议，选择成为自由球员，他的合同金额很可能超过1亿美元。

然而，在韦弗不得不做出决定的时候，格雷恩科的合同情况还不确定。首先，没有人确切地知道道奇队或者其他任何球队会在下个赛季结束后花 1.47 亿美元签约投手。球队薪资缩减可能冲击市场。其次，任何事件都可能降低韦弗的个人市场价值。事实上，在韦弗和天使队续约一年后，他的快球速度开始明显下降，尽管他仍然是一名优秀的投手，但他的表现开始下滑。如果这种情况只要早发生一个赛季，他可能就不会那么有市场。

有些人比别人更厌恶风险，但正如经济学家所说，货币边际效用是下降的。也就是说，对我们任何人来说，我们的第一个 5000 万美元远比第二个 5000 万美元更有价值，第二个 5000 万美元又远比第三个 5000 万美元更有价值。似乎可以肯定的是，韦弗更愿意从天使队得到一笔有保障的合同，而不是一份有着相同预期价值，但不确定的自由球员合同。我们假设韦弗确定和天使队续约的合同确切金额至少是 500 万美元。

交易成本差异：与天使队续约的时间投入要少得多，经济学家们所说的“交易成本”要比去自由市场寻求签约低得多。尽管韦弗的经纪人会承担大部分成本，但球员本人不得不参与球员报价，考虑签约利弊，与意向球队见面等。把宝贵的精力投入追求最佳交易的过程可能会让韦弗从更重要的目标——在球场取得优异的成绩——上分心。我们假设，对韦弗来说，与天使队签约避免这些成本就值 200 万美元。

时间差异：与天使队续约可以在 2011 年完成，而成为自由球员要等到下个赛季结束。这意味着，通过在焦点谈判中达成协议，韦弗可以享受更高的薪水和长期的工作保障。注意，在特定情况下，时间上的差异有财务方面的和非财务方面的。因为所谓的“金钱的时间价值”——相同数额的钱越早收到越有价值，韦弗肯定希望拥有2011年的100万美元，而不是2012年的100万美元。即使他没计划马上花掉，也可以拿来投资，在这段时间里获取收益。而且，提前一年而不是晚一年决定职业生涯的下一步，对韦弗来说也有心理上的好处。我们假设，在其他条件相同的情况下，相比B计划，韦弗更愿意提前一年与天使队达成协议，拿到400万美元。

另外，值得注意的是，尽管谈判者通常更愿意尽早地享受交易的果实，但情况并非总是如此。获得称心如意的东西可能会有一些成本，而这些成本会让人短期内感觉不如意（例如，你搬到城里的时候再租一套好公寓比三个月前就租更有价值）。不过，预期的好处在于延缓交易时间。你愿意预订一个星期之内还是一个月之内出发的加勒比游轮？

调整不同选择对双方关系和未来机会影响的差异：一个小的供应商可能愿意接受以较低的价格获得首个来自大制造商的订单，希望通过出色的工作赢得未来的业务。选择放弃自由球员身份并与当地球队续约会让韦弗深受天使队球迷的喜爱。球迷们会欣赏他的忠诚，并以不同于看待其他许多明星球员的眼光欣赏他，因为前者被视为追求高薪的雇佣兵。当然，这笔焦点交易的好处会对韦弗的保留点产生多大影响，取决于韦弗对粉丝价值增值的主观分析——假设是 100 万美元。

结合差异调整计算正确的保留点：在这个例子中，焦点交易和韦弗 B 计划的五点差异都偏向焦点交易，因此要确定合适的保留点，韦弗需要从基准报价中减去他对每个差异点的金钱价值评估。因此，韦弗的保留点应该是 7800 万美元（1 亿 – 1000 万 – 500 万 – 200 万 – 400 万 – 100 万）。他应该接受谈判中超过这个数额的交易，对于低于这一数额的交易他应该选择僵局。

如果与待在天使队相比，韦弗更愿意成为自由球员，根据上面的五个因素，算法会略有不同。举个例子，假如比起留在加利福尼亚州，韦弗从小就梦想穿上洋基队的细条纹球衣，对他来说，下个赛季为洋基队效力的可能性与为天使队效力相比值 500 万美元。在这种情况下，根据五个因素中的第一点，韦弗将在 1 亿美元的基准数字上增加 500 万美元，这表明自由球员市场比与天使队签约更有吸引力。然后，再减去其他金额，以反映其他四个差异有利于与天使队达成交易的程度。这样他的保留点应该定为 8800 万美元。按照这种假设，韦弗应该拒绝 8500 万美元的报价，追求自由球员的身份。

正确设立保留点的关键是将焦点交易中的利益和 B 计划的利益转换成相同的通货，以便对两种可能的选择进行全方位的比较。以韦弗为例，为了便于比较，我把两种选择中的不同特征换算成美元来表示，其实也可以用效用单位或其他常见货币表示。

从 B 计划到保留点（以韦弗为例）

基准线（B 计划的阈值）	1 亿美元
差异点（与焦点相比？）	
1. 特征（换地方）	–1000 万美元
2. 风险（伤病和市场）	–500 万美元
3. 交易成本（自由球员）	–200 万美元
4. 时间（延迟一年）	–400 万美元
5. 关系 / 声誉（让本地球迷失望）	–100 万美元
保留点	7800 万美元

这个假设性分析假定杰瑞·韦弗可以用美元来衡量与天使队签约和追求 B 计划之间的非货币差异，比如他的父母能够去现场观看他在安纳海姆的比赛，以及与本地球队续约将获得的球迷崇拜。但是韦弗，或者我们中的任何人，如何能准确地用金钱来衡量这些无形的东西呢？

这种分析在实际操作中通常非常困难，没有人能够做到完美。全能型谈判者唯一希望的就是确定他们的保留点，从而在焦点谈判中于达成协议、接受僵局和选择 B 计划之间选择接近保留点。

所以，为什么要做假设性分析呢？值得浪费时间吗？

如果不进行假设性分析，唯一的结果就是谈判者带着最不可接受的条件开始谈判，在激烈的谈判中凭直觉或情绪决定谈判是否陷入僵局。韦弗可能很难用金钱来衡量他的父母能否来现场观看他的比赛，用金钱来衡量他对家人的爱似乎很愚蠢。但当他决定接受 8500 万美元的交易时，他就在默默地表达对家人的爱。当唯一的选择是依靠直觉，并希望自己不会犯这两个大忌时，明智的选择就是尽可能小心地设定一个准确的保留点。

也就是说，谈判者需要全面锻炼他们在谈判区间分析投入的时间和精力方面的判断力，以及分析追求 B 计划可能的代价和利益。这里再次强调具体谈判的重要性。一份价值数百万美元的美国职业棒球大联盟的多年合约，要比一张歌剧票更便于理解，需要尽可能仔细严谨地设定最精确的保留点，因为一旦犯错，潜在成本要高几个数量级。

虽然高风险通常意味着谈判区间分析的巨大投入，但需要考虑一个与交易的重要性不一定相关的因素，即对方最好的报价接近己方保留点的可能性有多大。这一点之所以重要，原因如下。

如果一项协议能够按照比谈判者的保留点好得多的条款达成，即使设立的保留点不精确也无关紧要，那么精确确定 B 计划的可取性所需要的努力很可能白费。例如，如果韦弗极力要留在天使队，愿意接受天使队开出的任何正式报价，他可以放心地接受 8500 万美元的合同，不需要分析自己的保留点。但是如果他看到了留在天使队和去其他球队发展这两者的好处，他就应投入相关时间和精力计算保留点。

马特·哈灵顿的故事告诉我们，更仔细地设立保留点分析可能带来巨大的利益。在哈灵顿刚参加职棒大联盟选秀时，如果球员没有和选中他的球队签约，他可以在第二年重新参加选秀，希望被另外的球队选中并签约。当哈灵顿和他的经纪人评估科罗拉多落基山队的报价时，他们确定了第二年重返选秀的 B 计划。虽然 B 计划不是很糟糕，但也不出彩。

我们假设，哈灵顿和他的经纪人估计一年后重新参加选秀的预期价值是一份来自另一支队伍的合同，其中包括 500 万美元的签约奖金。尽管这看起来有点激进，因为当时职棒大联盟历史上从未有过如此高的报价。[2] 追求 B 计划意味着至少花一年的时间做职业棒球比赛之外的事，承担巨大的风险——年龄的增加会对他第二年的选秀不利，而且有负面消息说他很难打交道——这可能（事实上确实如此）导致球队在后来的选秀中都避开他。

分析表明，哈灵顿的保留点可能远低于落基山队开出的 490 万美元，他没有接受这个报价就是犯了第二个大忌：没有达成一个比追求 B 计划更可取而且可以实现的协议。

5
换位思考，评估对方的保留点

谈判区间有两个临界点：谈判者的保留点和对方的保留点。因此，使用谈判区间分析工具需要全能型谈判者来估计这两个保留点的位置。

不像设立自己的保留点，我们没必要知道对手宁愿陷入僵局而不愿达成协议的保留点来避免犯两个大忌中的任何一个——你只要通过正确设立自己的保留点就能避免犯这两个大忌，但这对决定是接受比你自己的保留点更好的报价，还是坚持要求更好的协议至关重要。无论杰瑞·韦弗有多么喜欢天使队开出的8500万美元的报价，甚至因而不选择B计划成为自由球员，如果他认为天使队的老板阿泰·莫雷诺的保留点远远高于8500万美元，而且莫雷诺有可能提高报价，他都有可能拒绝天使队开出的8500万美元的报价。韦弗曾说，8500万美元虽然是他花不完的钱，但是他仍然希望能得到9000万美元或1亿美元。

那么，你如何估计对方的保留点呢？你可以逆向构建对方的思维过程，也就是说，换位思考——如果你是他，你会如何设立保留点。

2001年，NBC（美国全国广播公司）与派拉蒙影视工作室就延长由派拉蒙制作，NBC播放了8年的《欢乐一家亲》进行了谈判。问题的焦点在于NBC为获得该剧继续播放的权利，每集需要支付的费用。[1] 临近谈判的时候，NBC的执行官马克·格拉博夫不仅通过估算《欢乐一家亲》与其他可能用来替代的节目（他的B计划）相比所能产生的收入来确定自己的保留点，还估算了派拉蒙的保留点。

如果不知道谈判对手克里·麦克格拉格的想法，格拉博夫就不可能准确地知道派拉蒙的保留点，但是他以极大的信心估算到了。当时《欢乐一家亲》是最成功的电视剧，八季盈利超过10亿美元。因此很容易判断，派拉蒙的B计划就是将该剧转移到NBC的竞争对手的平台播放，如美国广播公司（ABC）或者哥伦比亚广播公司（CBS），而不是停播。媒体明确表示派拉蒙对CBS感兴趣，加上有媒体报道该剧的演员凯尔希·格兰莫参加了CBS的一个会议，这强烈暗示将该剧卖给CBS是派拉蒙的B计划。

更困难的问题是，对派拉蒙来说，将这部剧转到CBS播放的价值有多大，这反过来需要评估CBS为了这部剧的版权愿意支付多少钱。NBC的分析师可以根据他们对电视业务经济情况的总体了解，结合对CBS具体现状的一系列合理假设，估算出这个数字。格拉博夫对CBS现状的分析有更可靠的依据，在一年前来NBC之前，他一直是CBS主要电视节目的购买人。格拉博夫后来告诉教授兼作家古汉·萨博拉曼尼亚："那时，比起NBC，我更了解CBS的经济状况。"他对CBS能够支付给派拉蒙每集《欢乐一家亲》的盈亏平衡点的估计，与派拉蒙对其自身保留点的分析是一致的。[2]

实际上，更典型的情况是，杰瑞·韦弗不了解他的谈判对手天使队的老板莫雷诺可能会如何分析球队的B计划这种内幕消息。但是他可以通过极大的同理心了解其他马上要成为自由球员的顶级投手的情况，这样韦弗和他的经纪人波拉斯就可以逆向估算出莫雷诺的保留点。像波拉斯这样成功的经纪人之所以能够赚这么多钱，就是因为他们有能力根据自己的经验在类似的谈判中估算出球队老板们的保留点。

虽然全能型谈判者能够有意识地利用决策分析工具精确估算出对手的保留点，但大多数的谈判是，在特定情况下谈判的一方更多出于直觉和本能而接受谈判条件。不幸的是，研究表明，大多数人都不善于凭直觉判断谈判对手的保留点，所以我们得好好花时间和精力仔细计算。

谈判者很容易受到心理学家理查德·拉里克和经济学家乔治·吴提出的小蛋糕偏见（small-pie bias）影响。[3] 我们往往会低估对手为了达成协议而愿意妥协的程度，因此对谈判区间的假设会比实际情况更小，可获得的合作盈余就更少。这种偏见可能导致谈判者将很大一部分合作盈余拱手让给谈判对手，错误地认为争取更有利的交易会陷入僵局。

小蛋糕偏见的后果

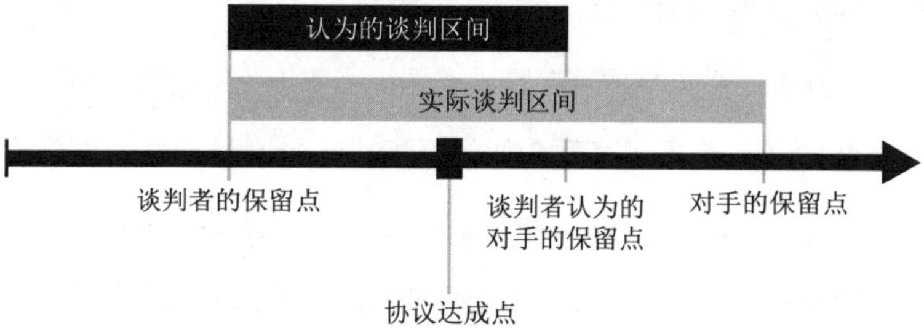

举一个小蛋糕偏见及其后果的极端例子，在另一个谈判中，棒球经纪人司各特·波拉斯达成了比杰瑞·韦弗的协议好得多的协议。2000 年，波拉斯的另一个客户，当时西雅图水手队的游击手亚历克斯·罗德里格斯成为自由球员。波拉斯笃定会有大量的球队向罗德里格斯开出报价。在与得克萨斯游骑兵队老板汤姆·希克斯激烈讨价还价后，罗德里格斯以 2.52 亿美元与游骑兵队签订了一份为期10年的合同，这是当时棒球运动员签下的最丰厚的合同。

毫无疑问，希克斯认为，为了得到最好的棒球运动员他付出了大价钱，但是鉴于罗德里格斯的潜力和联盟中其他球队对他表现出的巨大兴趣，他相信游骑兵队必须砸重金才有希望签下这位球星。事实上，罗德里格斯的B计划没有希克斯想象的那么好。尽管其他球队会很高兴以某个价格签下罗德里格斯，可到最后他只收到了一个球队的确定报价，而且只有1.02亿美元。[4]根据希克斯的评估，对游骑兵队来说，2.52亿美元的合同比僵局好，但是球队至少可以少花1亿美元就能签下这位巨星。

6 谈判区间的大小

一旦谈判者对谈判区间有了尽可能准确的估计，下一步就是决定如何将这种分析应用到谈判过程中。谈判者可能遇到三种情况，每一种情况需要不同的策略。

没有谈判区间

特斯拉谈判：没有谈判区间

如果使用谈判区间分析工具让你最后得出的结论是没有谈判区间——没有达成协议的可能，双方都宁愿选择僵局——那么直接的做法就是不谈判，节省时间、精力和必要的财务成本。

在洛杉矶我生活的那片区域，你随便扔块石头就能够砸中一辆特斯拉 S 款电动车。我喜欢特斯拉的环保和豪华感，但是我从来不会和特斯拉的经销商商谈要买一辆特斯拉。我知道特斯拉零售价超过 8 万美元。也许在淡季的时候，有耐心的买家可能说服经销商优惠 1000 美元，甚至 2000 美元，但是我肯定，即使在淡季的最后一天，经销商的保留价格仍然会在 75000 美元以上。有现车的经销商和我谈卖车，他的 B 计划就是等待另一个客户愿意以零售价或接近零售价买车。由于特斯拉受欢迎而供不应求，我知道经销商希望这种情况会发生在不久的将来，这样他们就能把保留价格定为零售价或略低于零售价。

至于我的保留价格，即使我那完好的沃尔沃明天就要报废了（老实说，甚至是即使我中了彩票），我都不会花 75000~80000 美元买一辆车，不管我有多么喜欢它，也不管它有多么环保。

我知道没有谈判区间，所以我从来不主动谈判。没有谈判区间的潜在谈判比有谈判区间的潜在谈判要普遍得多。我们经常谈判，但是我们没有将更多的时间花在与有谈判可能的人进行谈判。

小的谈判区间

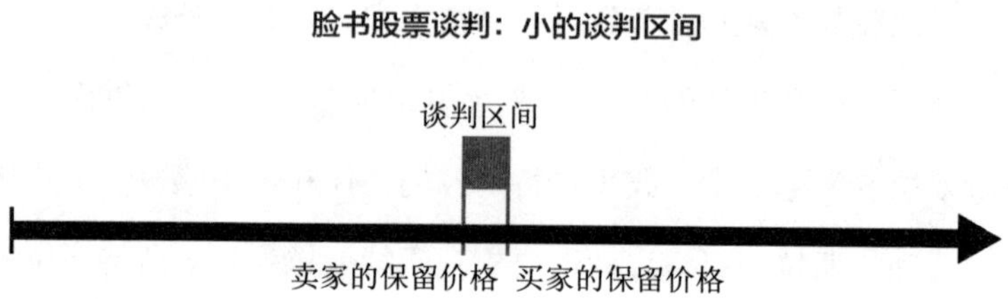

谈判区间分析可能会出现的另一种结果就是只有很小的谈判区间：可能达成协议，但是谈判双方的保留点可能太接近，只有在个别甚至唯一一种情况下，双方才能达成协议。这种情况并不像你想的那么罕见。事实上，典型的市场有许多买家和拥有相同或相似产品或服务的卖家，经济学家将这种情况称为“完全竞争”。

想象一下，你做了个噩梦，梦到脸书的首席执行官马克·扎克伯格化装成电影《蝙蝠侠》里的小丑，征服了全世界，你因此决定卖出 100 股脸书股票。恰巧，在同一天，你办公室的同事很高兴，因为他发布在脸书上的午餐照片获得了 75 个“赞”，他告诉你，他决定买入 100 股脸书的股票。

每天，大约有 2000 万股脸书的股票被交易，所有的股票都是一样的。你的股票不比别人的好或者差，作为买家，你的同事没有理由喜欢你的股票而不喜欢别人的股票。作为卖家，你也没有理由更喜欢某个买家的钱。在这种谈判中，你同事的 B

计划就是在纳斯达克股票交易所按当时的市价购买股票，你的 B 计划也是在纳斯达克股票交易所按当时的市价出售股票。假设在陷入僵局的情况下，你们每个人都必须支付一小笔经纪费才能和陌生人进行线上交易。你的同事买你的股票的保留价格可能比你卖出股票的保留价格要高几美元，这时，相对于交易总额，谈判区间非常小。双方花时间谈判真的没有任何意义，因为在谈判区间内，几乎没有回旋余地。几乎可以肯定的是，你会同意按市场价格出售股票，所以你应该提出并按市场价格完成交易。

大的谈判区间

韦弗的谈判：大的谈判区间

最后，我们从谈判的角度来考虑最重要的情况：你相信存在一个较大的谈判区间。举个例子，假设杰瑞·韦弗确定他的保留点是 7500 万美元，他和他的经纪人波拉斯估计天使队的老板莫雷诺的保留点是 9500 万美元。莫雷诺告诉波拉斯，8500 万美元是他能为韦弗开出的“最好的终极”报价，也就是说，莫雷诺声称 8500 万美元是他的保留点。波拉斯是靠估计球队老板愿意为球员支付多少钱为生，我们假设，他认为莫雷诺是在虚张声势，实际上愿意支付更多。但是，波拉斯无法全面了解莫雷诺的想法，所以他不得不接受莫雷诺的实际保留点只有 8500 万美元这种可能性。

韦弗应该做什么？我们知道他应该选择接受这个报价而不是追求 B 计划成为自由球员，但是明显有第三个选择——进行还价，要求更多的钱。这是比接受 8500 万美元更好的选择吗？回答这个问题需要比较成本和收益。

要求更多的钱，而不接受 8500 万美元的潜在好处是显而易见的：天使队可能提高其报价。如果韦弗接受 8500 万美元这个报价，球队就没有可能答应支付更高的报价。在谈判中，你很少能得到你要求之外的东西，这是不言而喻的。

但是拒绝这个报价，要求更多的钱，需要考虑三个风险。第一，假设韦弗的保留点是 7500 万美元，这么做可能导致僵局，而且是灾难性的。莫雷诺似乎不太可能（虽然不绝对）改变他 8500 万美元的报价，尤其如果他明确表示 8500 万美元是他最终的报价，而且不会让步。

第二，拒绝天使队的报价，继续谈判意味着遭受交易成本损失。在这个案例里，具体来说就是韦弗如果选择成为自由球员，他将无法通过签订新合同来实现内心的平静。

第三，继续坚持要求更多的钱可能会损害投手与莫雷诺以及球队管理层的关系，尤其是如果莫雷诺认为 8500 万美元是一个公平的薪水（这个问题将在工具五详细论述）。

如果韦弗判断这些风险超过了最终可能获得的更丰厚合同的好处，他就会接受这个报价。否则他就会拒绝，并且还会要求更高的薪水。

在前面的章节，我认为马特·哈灵顿可能在与科罗拉多落基山队的谈判中将保留点定得太高，导致他放弃了本该接受的交易。其实哈灵顿的棒球生涯还没开始就结束了，可能有另一种解释。也许哈灵顿的保留点低于落基山队开出的 490 万美元，但是他和他的经纪人估计，球队的保留点高于哈灵顿要求的 495 万美元，他们认为如果哈灵顿拒绝 490 万美元的报价，并且不让步，球队就会提高报价。如果真是这样，他就错估了对方的保留点。

哈灵顿没打上职业棒球赛，可能有两个原因：一是对自己的保留点的分析有误，二是对对手的保留点的分析有误。我们无从得知真相。

7
谁先报价

“我应该先报价，还是鼓励对手先报价？”这是学生和专业人士在谈判课程与培训项目中最常问的问题。对于一个全能型谈判者，答案取决于你对谈判区间分析有多大的信心。具体来说，取决于你认为自己有多大能力估准对方的保留点。

在我参加的一个小组讨论中，赌场大亨杰克·比尼恩讲了一个很好的案例，说明了如果对对方的保留点不了解而先报价的危险。一家赌场有兴趣购买密西西比州的一个农场，该农场为一家人世代所有。这家人考虑要价500万美元，但担心如此高的价格会吓跑买家，于是决定等待，让赌场先报价。

令这家人大为惊喜的是，赌场高管略带歉意地解释说，他最多只能支付 2000 万美元。如果能克制住激动，假装犹豫，这家人实际上可以将售价提高到 2500 万美元。[1]

如果你低估了买家的保留点，就像比尼恩提及的土地所有者那样，你的初始报价可能太保守，就会牺牲合作盈余。在比尼恩的故事中，卖家意外地避免了这种结果。如果他们一开始要价 500 万美元，肯定得不到更多，甚至可能得到更少的钱。另一种极端情况是，如果你高估了买家的保留点，你开出的价格可能远远超出谈判区间，从而导致僵局。如果这个农场主一开始要价 5000 万美元，买家可能会走人，从而（错误地）得出这事没有谈判余地的结论。

假设 2500 万美元低于赌场的保留点，这个交易还有利可图，如果赌场支付的价格远远高于它本可以支付的最低价格，实际上就是把大部分的可获得合作盈余交给了卖家，因为其在谈判区间分析中失败了。要么它严重错估了卖家的保留点，或者更糟糕的是，压根就没想过卖家的保留点。如果没有仔细估计卖家的保留点，最好等待卖家先提出要求。

有了对赌场保留点的准确估计，卖家可能从最初的报价中获得三个好处：一是说服赌场提高保留价格（见第 13 章），二是让赌场相信卖家的保留价格高于实际价格（见第 30 章），三是做出让步以达成公平的妥协（见第 39 章）。注意，合适的先报价策略应该从谈判区间分析开始。

一般来说，谈判区间分析更多的是为了确定一个框架，了解在谈判中可以实现什么，为全能型谈判者运用其他四个工具达成尽可能好的交易打下基础。

工具一的关键点

- 谈判区间是双方为避免僵局而彼此设立能够达成协议的保留点的范围。
- 仔细进行谈判区间分析可以确保全能型谈判者不会在谈判中犯两个大忌——当僵局更好的时候却达成协议，或有机会根据有利于自己的条款达成协议却选择僵局——并为谈判者可能实现哪些目标提供指导。
- 正确设定保留点，你必须确定协议的一项或多项条款会让你在达成协议和追求 B 计划之间泰然自若。
- 为了进行谈判区间分析，首先要确定研究 B 计划需要投入多少时间、精力和金钱，然后仔细比较焦点谈判中达成协议和追求 B 计划有何不同。
- 为了估计对手的保留点，需要从对手的角度做相应分析。
- 利用你对对手保留点的估计，确定你是否认可对手愿意接受的条件，或者为了更有利的交易继续谈判。
- 如果你对估计对手保留点没有信心，可以让对手先报价。

工具二：说服

8
我们都是销售员

摇滚明星波诺不再为U2乐队创作音乐和表演之后，他把激情投入非洲大陆，开始与贫困做斗争。这位爱尔兰歌手自1985年开始支持这项事业，同年第一次去埃塞俄比亚难民营当志愿者的时候，他就通过个人渠道筹集了数百万美元，大部分是通过举办慈善音乐会和与别人合作创建一条产品线（Red），捐赠一部分利润用来抗击疾病。波诺认为，要在消除非洲贫困的战争中取得重大进展，需要世界上最富裕政府的全面参与。从华盛顿特区到达沃斯，都可以见到波诺的身影，他游说西方政府和国际机构为非洲提供更多的援助。[1]

随着千禧年的到来，波诺发起了一项名为Jubilee 2000的活动，旨在说服西方政府免除非洲最贫困国家拖欠它们的巨额债务。在华盛顿，克林顿政府最初赞成免去非洲欠美国60亿美元债务中的2/3，但波诺对这种在他看来无关痛痒的承诺并不满意。通过接触克林顿总统的首席经济顾问吉恩·斯珀林和财政部长劳伦斯·萨默斯，波诺认为只有完全免除非洲的债务，才是美国政府应该做出的历史性举措。他在最终说服克林顿改变立场并支持全部减免非洲债务方面发挥了重要作用。[2]

更令人印象深刻的是，波诺成功说服了国会中的主要共和党人支持这一政策。他最不可能也是最著名的举动是，2000年9月与北卡罗来纳州的参议员杰西·赫尔姆斯的一次见面。这位主要的保守派议员对扶贫项目没什么兴趣，而且对国外援助有明显的敌意，更不用说对克林顿政府的反感了。波诺是一名虔诚的基督徒，他向赫尔姆斯强调了《圣经》中阐述的帮助穷人的必要性，并认为《圣经》中的麻风病就是现代非洲的艾滋病。当波诺离开国会大厦的时候，他已经赢得赫尔姆斯对减免债务立法的支持。据报道，赫尔姆斯在会上甚至感动得落泪了。一个月后，国会投票免除了非洲的全部债务。[3]

谈判的五个工具的第二个是说服，它可以使全能型谈判者让对方相信，在焦点谈判中达成协议的价值比对方最初意识到的更大。通过说服对方，使对方为了在焦点谈判中达成协议，愿意做出比想象中更多的牺牲，全能型谈判者会有效地促使对方改变保留点。在某些情况下，通过说服工具可以创造之前不存在的谈判区间，从而使一项最初看起来不可能的协议成为可能。另外，说服还可以扩大谈判区间，使有说服力的谈判者有机会获得更有利的条件，从而获取更多的合作盈余。

波诺并没有要求克林顿或赫尔姆斯为非洲各国政府开一张个人支票，而是提供了一种对他们来说比支票昂贵得多的东西：利用他们有限的政治资本造福半个地球之外的人们。为了说服民主党人和共和党人投入比他们计划中更多的政治资本，波诺必须说服他们，他提出的债务减免协议对两党成员来说比他们自己认识到的更有价值。

说服属于谈判中的销售行为。对销售产品、服务或者房地产的人来说，销售在谈判过程中的中心地位是显而易见的，以至于我们将谈判者称为“销售员”。人们往往没有意识到的是，每个进行谈判的人都是在销售。要成为一个全能型谈判者，你需要说服对方相信和你做交易真的对其有利。

我们许多人忙于销售甚至没有意识到自己在谈判。例如，当一名被 UCLA（加州大学洛杉矶分校）法学院录取了的学生透露出对谈判课程特别感兴趣时，我们的招生办公室经常会要求我联系该学生，并讨论我们在谈判领域的课程设置。在更大的谈判范围中，我扮演一个特殊的角色，大部分谈判由其他人负责，比如我们的招生办主任。主任知道这个学生正在比较选择读 UCLA，还是追求 B 计划——可能去别的法学院，也可能放弃法学。我的工作就是通过增加该学生对选择 UCLA 的价值感知，说服其提高他的保留点。

当然，每一次谈判都是不同的，但说服在实际谈判中占用的时间可能是最多的。丹尼尔·平克在为他的《全新销售》（*To Sell Is Human*）一书做分析时，对美国从事各种职业的数千名全职工人进行了调查。调查发现，平均而言，他们花费了多达 41% 的时间去"说服人们放弃一些他们认为有价值的东西（受调查者拥有的）"。这不是调查对象直接参与谈判时间的 41%，甚至不是他们直接与对方互动时间的 41%，而是总时间的 41%！[4] 毫无疑问，如果平克问实际谈判中花在说服他人方面的时间占比，估计比例会高得多。即使是初出茅庐的谈判者，也能本能地明白，说服对达成最佳协议至关重要。

乍一看，说服与谈判区间分析工具没有关联。如果杰瑞·韦弗确定了他的保留点，洛杉矶天使队会不会觉得任何说服韦弗降低保留点的努力都是浪费时间？理论上，无论球队提什么请求，都已经包含在韦弗的既有分析中。同样，波诺是怎样如此成功地说服克林顿总统和赫尔姆斯参议员为非洲提供更多的债务减免的？在波诺游说之前，基于对制定完全、部分或零债务减免立法的成本和收益分析，两位老练的政客难道不知道他们能提供的最大债务减免金额？

说服是所有谈判中的重要工具，原因很简单——确定一个人的保留点是极其困难的。很少有谈判者试图使用五种工具中的谈判区间分析进行详细的过程分析。大多数人在进行谈判时，对达成协议的价值只有一个大致的概念。即使最细心、最善于分析的谈判者，也不能完美地设立他们的保留点。所有人都有这个问题，这就使“说服”变得极其关键。

9
谈判是系统 2 决策

近几十年来，社会科学家已经开始相信，人类有两种决策形式，有时被称为系统 1 和系统 2。系统 1 会自发地做出本能的判断和决定，这常常让我们无法解释我们是基于什么做出判断和决定的，或者很难想出一个合乎逻辑的事后解释。系统 2 需要经过深思熟虑和分析，可以用来评价，并在必要的时候推翻系统 1 做出的快速判断。工具一中描述的谈判区间分析方法就是典型的系统 2 决策。

下面这个例子经常被用来说明这两种思维方式之间的区别：

假设球拍和球一共花了 1.1 美元，球拍的价格比球贵

1 美元。请问球的价格是多少？[1]

如果你和大多数人一样，会立刻回答是“10 美分”。这是你的系统 1 在起作用。如果你仔细一想就觉得，“这不对！如果球的价格是 10 美分，球拍的价格是 1 美元，那么球拍只比球贵 90 美分。因此，正确答案是 5 美分”。这是系统 2 在主导控制。

如果我们想要我们的判断尽可能准确，系统 2 是最好的选择，但是需要大量的时间和精力。事实上，有证据表明，大脑在深度思考时会消耗更多的葡萄糖。如果每次需要做出判断、决策或选择都使用系统 2，那我们几乎一天都坚持不下来。[2] 如果你执意要使用系统 2，你得每天早上拿出你的笔记本电脑，创建一个成本和收益的电子表格，以便决定你是起床开启新的一天，还是继续躺在床上。如果你的视野范围内有一辆迎面驶来的汽车，无论多远，在决定是否过马路之前，你都得查阅物理教科书上的公式。

所以，系统 1 是我们首选的思考方式，但这不是件坏事。专家认为，尽管系统 1 快速、自动，系统 2 缓慢、费力，但系统 1 的直觉与系统 2 并不是那样泾渭分明。大脑的无意识会形成直觉，通过回忆过去的各种选择及其后果，然后利用这些信息作为当前即时和自动预测未来结果的基础，包括成本和收益，虽然这样做粗糙，有待效用分析。[3] 聆听和学习的能力让我们得以将别人的知识与经验添加到我们的潜意识数据库中，这就是为什么回忆父母很久之前对我们过马路的警告，或者最近一则关于一个乱穿马路的人被一辆 18 轮大车撞倒的新闻报道会使我们在过马路之前犹豫不决。

值得注意的是，有证据表明，随着系统 1 的发展，甚至能够解释未来结果的不确定性。在一项实验中，科学家给猕猴喷射一种可口的果汁，并测量了它们大脑中快乐中枢受刺激的程度。他们随后发现，每次在提供果汁之前将灯泡打开 15 秒，后来，一打开灯泡就会出现刺激大脑的现象，这表明猕猴能够预料到食物带来的快乐。最后科学家们发现，他们可以通过开灯后提供果汁的概率来控制刺激大脑的程度。实验表明，灯亮后，猕猴如果只有 50% 的机会得到果汁，其大脑刺激的水平是每次灯亮后都得到果汁的一半；将提供果汁的概率调整为 25% 或 75%，会相应降低或提高对大脑的刺激水平。[4]

通常，系统 1 的直觉表现为感觉。心理学家保罗·斯洛维奇提出了“情感启发式”一词来反映他的观察：人们在做选择时，往往是基于觉得哪个选项更好，而不是基于正式决策分析的逻辑框架。[5] 从那以后，社会科学家就已经认识到情感与认知之间的这种关系。

尽管人类的直觉可能令人印象深刻，但是毫无疑问，在追求速度的过程中，它牺牲了一定的准确性。心理学家丹尼尔·卡尼曼获得了 2002 年的诺贝尔经济学奖，他用实验证明了在不受系统 2 有意识地思考和监督的情况下，系统 1 会在许多方面导致我们做出错误的判断和违背自身利益的行为。

卡尼曼的畅销书《思考，快与慢》的核心内容是系统 1 的思考依赖各种思维捷径或启发。卡尼曼解释说，当面对诸如与天使队签 8500 万美元的合同是否比一年后进入自由球员市场会更好这种困难问题时，系统 1 会将其转化为更容易回答的简单问题，比如“8500 万美元对我来说是一笔巨款吗”或者“比起纽约和波士顿，我更愿意生活在南加州吗”。[6] 对较为简单的问题，系统 1 可以快速给出答案（是的），然后，不合逻辑地将其作为较难问题的答案。这些潜意识的思维捷径通常能够很好地帮助我们在快速变化和复杂的环境中行事，但在特定情况下，它们会导致明显的判断错误，尤其是当面对在逻辑上需要权衡多个难以相互比较的因素时。

即使是克服系统 1 推理的“塞壬之歌”，驾驭最翔实、最耗神的系统 2 的全能型谈判者——想想那些打开 Excel 表格，少数人试图在焦点交易和 B 计划之间确定并仔细赋予每个差异精确值——也不能完美做出必要的分析。进行这种分析通常需要进行差异比较。当政治领导人考虑波诺为非洲减免债务的提议时，他们不得不试图平衡减免债务对非洲带来的好处和他们的历史遗产，以及项目可能花费的金钱和政治资本能实现的效果。

即使对最擅长分析和充分准备的谈判者来说，这种比较也是极其困难的，因为我们的偏好，尤其是偏好的程度往往是完全未知的或者是模糊的。作为人类，谈判者不得不努力确定达成协议的价值。对于大多数的谈判者，大多数时候，潜在交易的价格以及他们的保留点不是储存在大脑深处等待被挖掘。相反，我们通常在谈判的过程中，艰难地做出价值决定，至少在一定程度上，我们这样做是基于谈判中的实际情况。框架很重要。

在波诺游说赫尔姆斯之前，后者很可能对减免非洲债务结果的好坏没有明确判断，但这种不确定性打开了说服的大门。通过构建信息，全能型谈判者可以影响对方确定保留点。

10
一个硬币的两面

在 2014 年的电影《选秀日》中，凯文·科斯特纳扮演克利夫兰布朗球队总经理桑尼·韦弗（和现实中的杰瑞·韦弗没关系）。桑尼的球队正在经历一个失败的赛季，缘于四分卫因伤缺席了最后的 10 场比赛。他面临来自球队老板的巨大压力，因此，他得做点能引起轰动和让球迷兴奋的事情。

在美国国家橄榄球联盟（NFL）选秀的那天，西雅图海鹰队总经理打来电话，提出用第一选秀权和桑尼做交易，这样桑尼就有机会选择明星四分卫波·卡拉翰。桑尼对此有兴趣，但是因西雅图开出了天价——要克利夫兰接下来三年的状元签——望而却步。西雅图海鹰队总经理告诉桑尼，卡拉翰“将成为球队的当家球星”。他接着说：“我手中有王牌，桑尼，如果我把他给你，你就能拯救克利夫兰的橄榄球。”与此同时，西雅图海鹰队总经理警告说，克利夫兰也可以用第一选秀权选择一名“有前科的球员”（球员的法律问题可能使克利夫兰在选秀中做出别的选择），并且让“上赛季只打了一半就受伤了”的四分卫康复后继续比赛。

请记住，谈判者为了达成交易是否愿意放弃一篮子商品、服务或金钱取决于与B计划相关的焦点交易的可取性。票已售罄的歌剧的票价不仅取决于你有多喜欢普契尼，还取决于你可以选择去法国的巴黎，还是得克萨斯州的巴黎①。这意味着你可以通过展示焦点交易的好处或者B计划的缺陷来实现说服的目标——说服你的对手，让他把达成协议看得比其他选择更重要。“极好的焦点交易”和“糟糕的B计划”是一个硬币的两面。西雅图海鹰队总经理利用了两个杠杆。首先，他大谈卡拉翰的价值，称他为“当家球星”，并指出第一选秀权是“黄金入场券”。其次，他反对桑尼的B计划，即选择不那么理想的球员，并留住球队状态不稳定的现有四分卫。桑尼接受了这一交易。

① 此巴黎位于达拉斯东北部，也译帕里斯。——编者注

一个硬币的两面

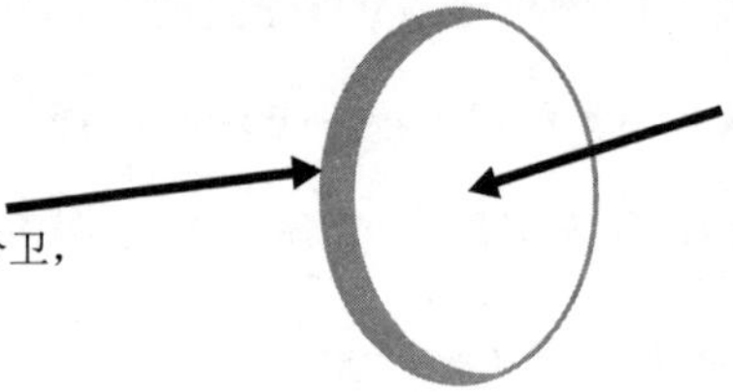

电影中的选秀还在继续。由于最后时刻有传言称波·卡拉翰有个人问题，克利夫兰和接下来的四支选秀队伍都出乎意料地回避了这位明星四分卫。杰克逊维尔美洲虎队拥有第二选秀权，全世界都希望它选择卡拉翰。然而，桑尼个人十分想要这个选秀权，所以他接触杰克逊维尔年轻又缺乏经验的总经理，提出了交易。

桑尼告诉杰克逊维尔的总经理，他认为卡拉翰将是职业选手的“失败者”，并含糊其词地解释说：“我觉得是球员的性格问题。”他接着说，如果杰克逊维尔不转让卡拉翰，可以将选秀权交易给克利夫兰以换取未来的选秀权，进而彰显杰克逊维尔总经理足智多谋。每一年都会有“看起来傻傻的”人出现在选秀日，桑尼警告，“如果你现在不把他交易出去，将来你会觉得自己像笨蛋一样”。

这是桑尼在操控硬币的两面——达成交易：[1] 我认为，你看起来像个精明的天才；但如果你追求 B 计划，选择卡拉翰，你就会被认为是个没见过世面的乡巴佬。

《选秀日》中的谈判还表明，谈判者可以提供两种不同类型的信息：事实陈述（关于交易的因素或对手的B计划）和对方对事实的价值判断。在销售培训中通常称之为“事实”与“利益”。这两种信息都很有说服力。

在第一次谈判中，西雅图海鹰队总经理强调了桑尼的B计划不可取（事实）：问题在于桑尼要挑选的问题球员和下个赛季将会复出的四分卫。他让桑尼判断，这些事实使得他的B计划是糟糕的选择。另外，西雅图海鹰队总经理强调达成交易，选择卡拉翰对桑尼的价值（利益）之高，并预测桑尼将成为对体育十分狂热的克利夫兰的“救世主”。

在第二次谈判中，桑尼沿用了同样的策略。在得知卡拉翰曾经有过不诚实的行为后，他将这一信息分享给了杰克逊维尔的总经理，从而使对方认为选择卡拉翰不值得。桑尼通过积极描述放弃第二选秀权会给对手带来的好处，从而提高其达成协议的意愿，将本次选秀权交易给桑尼以换取未来的选秀权，这样杰克逊维尔的总经理就能在同事和球迷面前表现得十分老练。

善于使用说服工具的谈判者会向对手提出备选方案的相关信息，以及对是否达成协议进行分析，即讲明事实和利益。

11
灵活变通

值得注意的是，波诺成功说服美国政府免除非洲债务，恰恰表明了说服需要灵活变通。成功说服需要根据对方的偏好来确定一个潜在的协议，每个人的偏好都不一样，通常需要根据谈判的实际情况而定。

对民主党人来说，免除非洲债务的好处是立竿见影的，但必须与其他同样会消耗财政部大量资金和总统政治资本的政策进行比较。波诺认为完全免除非洲债务将为克林顿的历史遗产加分，使之看起来更加可取，因此值得付出更大的政治资本。面对杰西·赫尔姆斯和国会其他共和党人，波诺则从满足上帝旨意以及作为虔诚基督徒的立法者责任的角度来阐述免除债务的好处。

从销售培训所讲述的基本概念中，谈判者可以学到很多关于说服的知识。最好的销售人员从调查客户的需求开始。只有当销售人员知道了客户的问题所在，才会向客户描述自己的产品可以如何帮助客户。否则，对方可能感受不到产品的价值所在。在《销售巨人》一书中，销售大师尼尔·雷克汉姆的研究表明，在高价商品销售中表现最好的是那些能够开展高效售前调查的人。[1]

开展售前调查的关键是问问题。这个方法看似简单，但根据我的经验，谈判者经常犯的最大的战术错误是在谈判一开始，就大谈达成协议的价值。同时，对方在说话的时候，谈判者会在脑海中构思如何反驳，而不是把注意力集中在理解对方试图传达的需求和愿望上。几乎每个谈判者都可以听听希腊哲学家爱比克泰德的忠告来提升自己的谈判成果："我们有两只耳朵和一张嘴，所以我们所听的比我们所说的要多一倍。"[2]

开放式的问题是一个很好的开始，它可以帮助我们立即发现对方的潜在利益诉求，比如"一个商业伙伴的哪些特质对你来说最重要""你希望一辆新车有哪些特点""为什么每周得到更多的津贴对你很重要"。一个有技巧的说服者用一份协议就可以解决这些利益问题。

如果有好几个客户要服务，每个人可能有不同的利益诉求，这些诉求就可能是重叠甚至是一样的。如果对方是代理人，那么代理人的利益和他直接服务或间接代表的人的利益可能不一致。在《选秀日》中，克利夫兰球迷的主要诉求是组建一支将来能够获胜的球队，但是四面楚歌的总经理桑尼·韦弗的诉求是制造一个引人注目的选秀大会，创造一个立竿见影的公关宣传，以保住自己的工作。

成功说服通常需要对广泛的询问做出回应，并提出更有针对性的问题，以确定对对方来说最重要的是什么。销售培训中有时候将这些问题称为问诊式问题——这些问题能够确定对方面临什么困难："你目前的供应商在哪些方面不能够满足贵公司的需求?"这种提问方式的言外之意是对方的B计划是维持现状——在没有交易的情况下，潜在的买家不会有任何行动。从谈判者更广泛的角度来看，对手的B计划可能是维持现状，也可能不是。一般来说，问问诊式问题的目的是发现对方的B计划在哪些方面不能完全满足其利益诉求。

在确定对手B计划的缺点后，谈判者往往会变得异常兴奋，便开始滔滔不绝地描述焦点谈判中达成协议的所有优势。如果对方不知道协议将如何使其受益，我们可以描述协议的优势。但是当对方已经意识到达成协议的好处时，通常更有效的做法是抑制自己明显的"兜售"冲动，并继续提出问题。

这时，你要提问，鼓励对方确认焦点谈判中协议的价值与其B计划有关。记住，有说服力的谈判者能提供真实信息（事实）

或解释与事实信息相关的价值（利益）。我们都想成为自己故事的主角，所以提出一个能让你的对手认识到通过达成协议所创造的价值的问题，比你主动提出协议能够带来的价值更能说服对方。[3]如果波诺问比尔·克林顿全部免除非洲债务对总统遗产意味着什么，这可能比直接告诉他这么做的好处更让其怦然心动。

让对手认识到他在焦点谈判中达成协议将获得的利益（比如，“您如何看待我的咨询服务对贵公司的利益”）还有一个好处就是，可以避免对方拒绝或质疑谈判者所说的协议价值的风险。

12
比较的对象？

下面三个社会科学实验展示了人们在决定选择价值时是如何使用系统 1 的思维捷径的。

实验一：假设为了更好地了解时事，你决定订阅《经济学人》杂志。你在调查了各种选择后，发现你可以花 125 美元订阅一年的期刊，包括每周一份纸质期刊和每期期刊的电子版访问权，或者花 59 美元订阅纯电子版。你会选择哪一种？

《可预见的非理性》一书的作者、行为经济学家丹·艾瑞里问了研究对象这个问题，结果有大约 2/3 的受访者选择了纯电子版。他给了第二组研究对象同样的选择，但是在原有两个选择的基础上增加了第三个选择：纯纸质版，定价 125 美元每年。正如你可能猜到的那样，没人选择纯纸质版。毕竟，它花费的钱和纸质版加电子版一样多。有趣的是，在这一组受访者中，有 84% 的人选择了 125 美元每年买纸质版送电子版，而不是纯电子版，人数明显多于第一组。[1]

实验二：假设你是个大学音乐专业的学生，想在某二手书店以 10 至 50 美元的价格买一本音乐词典。你将愿意花多少钱（也就是你的保留价格）买一本一万个词条的“看似新的”词典？如果有人告诉你另一本包含两万个词条，但是封面有破损的词典，你会改变答案吗？

心理学家奚恺元发现，当只要求受访者评估一万个词条的词典的价格时，他们平均愿意付 24 美元，但当有两本词典时，他们平均只愿意花 19 美元买那本一万个词条的词典（两万个词条的是 27 美元）。[2]

实验三：想象一下，你不是要订阅杂志或购买音乐词典，而是想去市场上购买一台相机（假设当时的数码相机还没有现在的先进）。第一种选择是美能达单反相机，它有几个可夸耀的功能，包括紧凑的石英控制光圈优先级、全自动 / 手动测光、1/1000~4/1000 秒的快门速度、自动计时器，重 3 磅，价格为 169 美元。第二种选择是另一款美能达单反相机，它有几个特别高级的功能，包括快速成像模式、集成双区域测光、高级自动多程序选择器，重 1 磅，价格为 239 美元。你会选哪一款呢？如果你早知道还有第三种选择，价格为469美元，还有一些附加功能，你又会怎么选呢？

心理学家阿莫斯·特沃斯基和伊塔玛·西蒙森对被试进行了实验。被试选择前两款相机的人数是五五开。但是，当有第三款最贵的相机可供选择时，不但有被试选择第三款（不足为奇），而且只有22%的人选择第一款相机（最便宜的那款），比起只有两款相机供选择时，更多的人选择了第二款。[3]

这三个实验表明，当我们面临困难问题的时候，我们的系统1会寻找一个更容易解决的问题。纸质版和电子版两个版本都有的杂志订阅明显比纯电子版的订阅更有价值，但纸质版值得每年多花66美元吗？对很多人来说，这是个很难回答的问题。然而，在价格相同的情况下，纸质版加电子版比纯纸质版是否更有价值，这就是一个简单的问题了。艾瑞里的第一个实验结果表明，在他的第二组被试中，至少有一些人回答了更简单的问题，选择纸质版加电子版而不是更便宜的电子版，因为纸质版加电子版比同价格的纸质版显然更受欢迎。

第二个实验中，被试只需要对一本词典的两个不同事实特征做出判断，其中词典的新旧容易判断，另一个事实特征（词条数量）则难以做出判断。如果只有一本词典，很难判断其价值，为了解决这个问题，受试者会更加注重更容易判断的事实特征——“看起来像新的一样”。但如果有另一本词典做比较，另一个事实特征（词条数量）就变得更容易评估。大部分人不知道一万个词条是多还是少，但是每个人都知道一万个词条的词典不如两万个词条的好。因此，相比之下，一万个词条的词典似乎就不那么好。

面对价值不确定的三个选项，在第三个实验中，特沃斯基和西蒙森的被试在价格和功能方面倾向于折中的选择，可能是因为中间选项看起来更稳妥。当只有两种选择时，就没有中间选项。

社会科学家喜欢创造新的术语，这些实验的研究者将他们的发现分别命名为“权衡对比”、“可评价性”和“极端厌恶”。但这三组结果密切相关，并说明了一个更普遍的情况：当需要给一个潜在交易进行估值的时候，系统 1 尽管总是匆忙地处理眼前的事情，但是会从现有的线索中寻求帮助。除非系统 2 猛踩刹车，并坚持以更加谨慎，但耗时低效的方式思考问题，否则潜在交易的价值就会受到事物外表的影响，而不是由内在既有参考点决定。

精明的营销人员可以也确实利用了系统 1 的缺点，为消费者提供参考点，让他们的产品在比较中看起来更好。威廉 · 庞德斯通讲述了古驰如何说服潜在客户一款价值不确定的鸵鸟皮手提包的保留价格应该超过 2000 美元。在古驰的橱柜里，公司将价值 2000 美元的鸵鸟皮手提包放在外观相似、标价 7000 美元的鳄鱼皮手提包旁边。[4]

顾客很难确定鸵鸟皮手提包的保留价格是高于还是低于

2000 美元，至少对一些古驰顾客群体是如此，他们有大量的可支配收入，只买贵的手提包。除了买手提包，他们还有无尽的选项，这就很难确定他们的 B 计划，于是就需要跨类别比较。另外，很容易确定 2000 美元的鸵鸟皮手提包比起款式相同的 7000 美元的鳄鱼皮手提包更划算。这种比较是超快的系统 1 喜欢的，毫无疑问，古驰通过这种方式让消费者做出购买决定，卖了许多手提包。

谈判者可以通过对比不那么吸引人的替代方案（即使替代方案不是对方的 B 计划），描述焦点协议的好处，从而说服对方对达成协议给予更高的重视。我最喜欢的一个实验提供了一个完美的例子。心理学家罗伯特·恰尔蒂尼和他的同事来到一所大学，询问大学生是否愿意自愿在为期两年的时间里，每周至少为未成年犯做两个小时的辅导。不出所料，忙碌的大学生没有人接受这个极其繁重的任务要求。然后，研究人员立即询问学生是否愿意陪同这些不良少年去一次动物园。与最初繁重的任务相比，去动物园似乎容易接受得多（没那么令人不快）。我们知道，愿意陪同那些不良少年去动物园的学生之所以能有大约一半，是因为他们最初都被要求担任两年辅导员（要求遭到拒绝），而那些没有被要求担任辅导员的学生，他们中只有 17% 的人愿意陪不良少年去动物园。[5]

全能型谈判者明白，把他们所提供的条件与不那么有吸引力的替代方案放在一起，可以让达成协议看起来更可取。

13
数值锚定

你可能不知道公司经理在报告他们的财务状况时舞弊有多么常见，但是经验丰富的专业审计师对此类行为发生的概率有基本判断。有研究显示：一组审计师估计，平均每 1000 家公司中约有 16 家涉及财务舞弊；另一组审计师估计，1000 家公司中涉及财务舞弊的公司超过 43 家。换句话说，第二组审计师认为涉及财务舞弊的企业数量是第一组审计师估计的两倍多。

两组审计人员都是从同一群专业审计师中随机抽取的，所以平均而言，第二组审计人员不太可能在过去有更多涉及财务舞弊的客户。两组审计人员的区别在于：第一组审计师在被要求做出估计之前，他们被问到 1000 家公司中涉及财务舞弊的是少于还是多于 10 家，而第二组审计师被问到 1000 家公司中涉及财务舞弊的是少于还是多于 200 家。[1]

数字 10 和 200 对审计师做出财务舞弊估计的影响，被社会科学家称为锚定。[2] 对这一现象通常的解释是，数值很容易作为我们预测世界的参考点，尤其是当我们缺乏完整的信息时，系统 1 不能充分根据这些参考点做出调整。因此，当第一组审计师被要求估计财务舞弊的概率时——他们对这个问题有一些了解，但又不完全了解——数字 10 先入为主，很可能会影响他们的估计。[3]

数字锚定值不仅可以作为估计概率的参考点，也可以作为确定价值的参考点。这就使得数字锚定值成了说服的有用工具，尤其是在价格谈判中，数字几乎肯定是讨价还价的一部分。当我们试图确定一笔交易对我们来说到底值多少钱时——也就是我们的保留价格——我们会下意识地朝我们接触的锚定价值方向考虑。卖方为了说服买方他卖的东西特别有价值，可以通过谈判需求的形式设定高锚定值，而买家为了说服卖家谈判标的价值低，可以通过报价的形式设定低锚定值。

一个涉及房产经纪人的实验就是锚定效应的典型例子。心理学家马克斯·巴泽曼和玛格丽特·尼尔要求房产经纪人在房产销售谈判时，向买卖双方推荐他们的保留价格。[4] 为了体现他们的建议，他们向房产经纪人提供了关于房产的大量信息，以及该社区最近售出的其他房产的售价情况。实验者只改变了一项数据：房产的报价，即卖方最初的售价要求。平均而言，相比获得较低挂牌价的经济人，获得较高挂牌价的经纪人会建议买卖双方都设定更高的保留价格，尽管房产信息和市场情况对所有经纪人来说是完全相同的。

我的同事克里斯·格斯里和我在一项实验中也证明了这一点，该实验是关于买家认为新车有缺陷的诉讼和解。[5]实验对象都被要求扮演不满的购车者，并且被告知，他们的律师认为这个案件非常微妙，法院判决可能偏向任何一方。所有的实验对象都被告知，案件中的被告，即汽车经销商，主动提出庭外和解，一口价赔偿他们 1.2 万美元，他们要么接受这个方案，要么在法官面前碰碰运气。其中一半的实验对象被告知，经销商此前曾提出赔偿 2000 美元以求和解，后来将和解金额提高到 1.2 万美元。另一半实验对象则被告知经销商此前曾提出赔偿 1 万美元以求和解。

尽管所有的实验者在焦点谈判中的 1.2 万美元庭外和解与上法庭之间，选择了前者，最初的报价方案显然锚定了他们解决此纠纷的金额。那些曾收到较低报价（2000 美元）的人接受 1.2 万美元和解费用的意愿比那些收到较高报价（1 万美元）的人的意愿更高。研究结果表明，在难以确定多少钱会让接受者同意和解，多少钱会让接受者采取 B 计划的情况下，锚定会潜意识影响估值决策。

估值锚定效应，也是我在工具一中建议对谈判区间有信心的谈判者可以通过率先提出保留点，而不是鼓励或允许对方先提出保留点的原因之一。通过提出低于卖方保留点或者高于买方要求的报价，就很可能说服对方与你达成协议，至少比他认为的其他选择更可取。对方可能拒绝第一次报价，但是对达成协议的价值估值会有微妙变化，你随后提出的更慷慨的报价可能看起来比对方追求 B 计划更好，因为对方没想到会有更好的报价。事实上，有大量的研究结果直接支持这一点。在所有条件相同的情况下，率先提出积极报价的谈判者往往比不主动报价的谈判者容易获得更多合作盈余。[6]

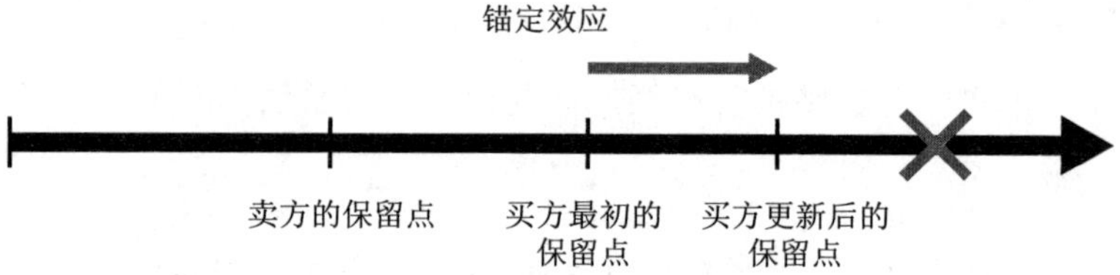

14
损失厌恶

想象一下，一个陌生人走到你和你的朋友面前，给了你们其中一个人一个咖啡杯，给了另一个人一个巧克力棒，然后问你们是否愿意用得到的东西交换对方手里的东西。如果你和我一样喜欢巧克力，你可能会用杯子换巧克力棒，而不会用巧克力棒换杯子。如果你是咖啡因成瘾者，喜欢美食胜过甜食，你可能会做出相反的选择。令人惊讶的是，研究显示，很多人不愿意交换，无论他们最初得到的是杯子，还是糖果。

同样，研究表明，如果给了一些人杯子（巧克力棒、彩票或其他东西），而给了另一些人现金，拿到杯子的人会要求得到更多的钱才会卖出杯子，一般来说，要高于对方被给到并愿意支付的现金。在这些实验中，“杯子的所有者”对杯子明显没有特殊的情感，因为研究者在几分钟之前才把杯子给他们，也没有理由认为一组受试者比另一组更喜欢这些杯子。

对这些奇怪发现的解释是，比起可能获得某样东西，人们对失去同等价值的东西显得更加犹豫不决。这种认为损失比收益更大的现象被社会科学家称为“损失厌恶”。[1]

当然，谈判协议通常包括双方会获得一些东西而放弃另一些东西。这意味着谈判双方都在暗中利用达成协议前的一般情况作为判断得失的参考点，没有出现损失厌恶就达成协议的情况少之又少。例如，潜在的杯子购买者的保留价格会比我们预期的低。特别钟爱买杯子的人仍然会买，但是那些认为杯子可有可无的人，买的可能性就不大，因为他们对将要失去的钱（巧克力或者任何其他将要交易的东西）似乎看得更重，对将要得到的杯子则不怎么看重。社会科学家称这种损失厌恶效应为现状偏见。[2]

虽然损失厌恶很糟糕，但是与系统 1 用来评估价值参考点的其他怪异方式一样，损失厌恶也为谈判者提供了一个机会，让他们通过运用说服技巧受益。当人们在心理上判断一个改变是“得”还是“失”时，他们用来比较的参考点很少固定不变。在很多情况下，现实世界是最明显的参考点，但不是唯一的参考点——对未来的期许甚至希望也可以创造参考点。

谈判者面临的挑战是说服对方不知不觉地采纳一个参考点，

让对方觉得不达成协议就会遭受损失——他将极力避免这种损失。一个特别有用的策略是，描述交易完成后的情形。更好的做法是创造一个机会，让对方体验完成交易后的结果。为了创造这种体验，汽车经销商让你试驾，亚马逊 Kindle 商店允许你免费下载图书的某一部分。这些销售策略不会让人们购买他们讨厌的汽车或图书，但是往往会在一定程度上提高客户的保留点，让僵局看起来不仅是无法获益（不那么痛苦），更像是遭受损失（令人痛苦）。

损失厌恶的一种特别不利的情形是，为了避免不得不接受损失，人们往往会为了获得同等收益而愿意承担他们从来不愿意承担的风险。如果双方都认为做交易就是在接受损失，对其他冒险行为容忍度的提升就会导致灾难性的僵局。

2001 年 10 月 7 日，旧金山巨人队的击球手巴里·邦兹将球打到主场右外野方向的看台上，打出了创纪录的赛季第 73 个本垒打。球迷亚历克斯·波波夫的棒球手套的带子似乎兜住了球。他戴手套去看球就是希望真有这种机会出现，但随后发生了激烈的争抢，球落了下来。另一个球迷帕特里克·哈亚希在混乱中抢到球，走出人群，被体育场保安护送到安全区域。波波夫称那个球是属于他的，于是起诉了哈亚希。

专家们当时认为，这个球在拍卖会上能卖到 100 万美元。法律观察人士认为法院判决的结果非常不确定——真的可能判给两人中的任何一个。如果我们假设每个人有50%的赢的机会，在和解谈判中，波波夫的保留价格应该低于50万美元（考虑诉讼的期望值及其风险和涉及的法律费用），而哈亚希的保留价格应该高于50万美元。

巴里·邦兹和许多其他观察人士建议两人卖掉这个球，然后平分收益。两人分别和他们的律师见了面，试图商量一个庭外和解协议，但是无果。即使与受人尊敬的调解人进行了四次会谈，也没有结果。本来应该有一个谈判区间，但实际根本没有，于是波波夫和哈亚希都采取了B计划——提起法庭诉讼。

无法达成协议的根本症结在于，每个人都认为球应该属于自己。从完全控制这个球的角度来看，协商后达成协议来平分这个球的价值，好像双方都损失了50万美元一样。和许多人一样，波波夫和哈亚希都愿意采取冒险的B计划，避免遭受如此巨大的损失。

最终，这种想法让他们付出了高昂的代价。看台争抢发生14个月后，旧金山所罗门法官凯文·麦卡锡裁定，两人共同拥有这个球的合法所有权。他下令将该球出售，并平分所得收益。[3]由于各种可预测和不可预测的原因，球的价值在诉讼期间迅速下降。最终在2003年夏天的拍卖会上以45万美元出售，让人唏嘘不已。此时，哈亚希欠了净收益额的1/3的律师费。而波波夫的律师开出了473530美元的律师费，是波波夫获得收益的两倍

（这反过来导致另一桩针对他律师的诉讼）。[4]

如果波波夫和哈亚希能够说服彼此去评估一份潜在的协商协议，参照他们在巴里·邦兹打出那个决定命运的本垒打之前所拥有的东西（一无所有），而不是参照彼此认为自己有权得到这个球（完全拥有）之后的情况，他们肯定会选择达成协议，而不是孤注一掷选择有风险的B计划，那样两个人都会比现在富有得多。

15
高估胜利的结果

损失厌恶有助于解释为什么亚历克斯·波波夫和帕特里克·哈亚希不能解决巴里·邦兹打出的那个本垒打的球引起的争端，但它不能对这个问题做出全面解释。如果任意一方（或双方）认为自己肯定会输掉这场官司，也就是说B计划很糟糕，这样他们可能会愿意接受一笔适当的钱在庭外解决这个争端。即使考虑损失厌恶，也很少有人会为了避免小损失而接受大风险。波波夫和哈亚希之所以花了数十万美元请律师来争夺一个由软木、橡胶和纱线制成的球，是因为他们相信自己最终会赢得这场官司。

有充分的证据表明，一般来说，人们往往认为自己胜诉的可能性比实际胜诉的可能性要大。决策理论家乔治·洛文斯坦和他的同事给了普通大学生和法学院的学生同样的关于摩托车与汽车相撞的诉讼信息。他们指定一名学生为受伤的原告（骑摩托车的人），另一名学生为被告，并按诉讼中涉及的金额比例给被告现金：原告每遭受 1 万美元的损失就给 1 美元。受试者被告知要试图协商解决，由被告支付原告一定数额的赔偿。如果他们不同意，案子将由当地法官裁决，并根据法官的裁决重新分配（或不分配）现金。

在谈判开始之前，所有的受试者被要求写下他们的预测赔偿金额（如果有），即当他们的谈判陷入僵局时，法官会判给原告多少钱。原告角色的受试者预测的赔偿金额明显高于被告角色受试者预测的赔偿金额，即使所有的受试者拥有相同的信息。不出所料，与预测相近的受试者相比，预测差异较大的受试者在谈判中达成协议的可能性要小得多。[1] 如果双方都认为自己极有可能获胜，诉讼的期待金额可能超过双方任何一方达成协议而获得的赔偿金额，即使他们会适当地考虑交易成本（法律费用）、风险规避（可能最后一无所获），以及诉讼的声誉和关系成本。

根据我的经验，这个发现是可信的。在我的谈判课上，我给法学院的学生提供了一份文件，里面记录了复杂得多的建筑合同纠纷信息，并给他们分配了原告律师和被告律师的角色。然后，学生查阅建筑纠纷的相关法律，并准备一份向法院阐述他们立场的简短陈述。接下来，每一组学生都试图协商解决，因为他们知道，如果没达成协议，法官（本案由一名教授担任）将会考虑辩方学生的个人陈述，并做出“全有或全无”的判决。我会根据学生的和解协议或法庭判决（如果他们没有和解）的情况，并与其他组学生的表现进行比较来给他们评分。

在学生谈判之前，我让他们写下他们对法官做出有利于原告判决的评估。当他们谈判时，我会计算每个角色中学生做出预测的平均值，并在谈判结束时得出平均值。在学术上，这相当于在没有安全网的情况下表演空中飞人。如果表演失败，将会非常尴尬。两组平均反映的差异每年都不一样，但是无论班级人数多少，始终能说明一点，普通学生“原告”比普通学生“被告”更容易相信原告将在法庭获胜。

这种效应在现实世界的其他研究中也得到了强化，这些研究不受精心控制的实验设置的限制。心理学家伊丽莎白·洛夫特斯及其同事在案件解决前后采访了执业律师。他们发现，一般来说，律师们预测的庭外和解结果或法院判决结果比实际结果要乐观。[2]

社会科学家将这种并非律师或诉讼独有的倾向称为乐观偏见，这是众多自我中心倾向的典型例子。[3]自我中心倾向是指我们对自己和自己的前景的评价要高于客观事实。研究人员经常研究乐观偏见的一种方法就是询问受试者是否比某对照组的普通成员更有可能体验到未来理想的结果。如果个人不存在偏见——假设他们不住在加里森·凯勒的沃比根湖，众所周知，在那里“所有的女人都身强体壮，所有的男人都长相俊俏，所有的小孩都天资聪颖”[4]——大约有一半的受试者会预测他们比普通人更可能得到一个好结果。绝大多数的大学生认为，他们比班级普通同学更有可能获得高于班级平均水平的成绩，大多数的MBA（工商管理硕士）毕业生期待得到一份起薪高于同学的工作，大部分出租车司机认为他们比同行做得好，高达94%的大学教授认为自己的工作做得比一般教授更好。[5]

一个人对未来有适当的信心当然是有益的。没有足够的乐观，就不会有人愿意冒险，也很少有人会去尝试拓展自己的能力，开始新的事业，尝试一种新的爱好或者去约会。一定程度的乐观似乎对人的精神健康是有必要的。研究人员发现，临床抑郁症患者最有可能客观看待自己的未来。[6]乐观偏见也能产生社会效益。研究表明，人们认为那些对自己的知识和能力表现出高度自信的人拥有更高的技能与眼界。[7]

这种偏见似乎是由两种心理倾向导致的，这两种心理倾向与我们下意识关注的信息有关。首先，我们更容易注意到与我们希望看到的世界相一致的信息，而会忽略我们不希望看到的。20世纪50年代有一个著名的研究，心理学家阿尔伯特·哈斯托夫和哈德利·坎特里尔向来自达特茅斯学院和普林斯顿大学的学生播放了这两所常春藤学校之间一场特别激烈的橄榄球比赛的录像，两组学生都认为对方学校的球员犯规次数更多。[8]

其次，我们容易高估自己影响结果的相关能力，因为我们对自己的关注多于对他人的关注。[9]如果我过多地思考那些让我成为优秀教授的特质，但不怎么花时间关注同事们的优点，我可能会得出结论，我的工作能力要高于平均水平，即使事实并非如此。[10]这一点解释了截然相反的偶然发现——悲观偏见，即大多数人认为自己达不到一般水平。这种偏见是在人们认识到自己缺乏相关技能，但没有认识到对照组的人也缺乏相关技能的情况下发生的。大多数大学教授可能会认为他们在做脑部手术方面不如普通大学教授，因为他们往往更关注自己没接受过相关训练的事实，而忽略了他们的同事在这方面也不擅长的事实。

根据情况的不同，乐观偏见可以增加或减少谈判者达成协议的兴趣，从而使他的保留点比没有偏见的情况下更高或更低。为了预测效果，我们需要知道达成协议的潜在后果和追求 B 计划的潜在后果哪个更加不确定。

在法律和解谈判中，像波波夫和哈亚希的案子，结果相当确定：一方支付另一方一定数额的钱，拥有这个球，或者一起把球卖了，分配所得钱款。相比之下，他们不和解，选择 B 计划的后果是不确定的：任何一方都可能赢得或者输掉官司，或者可能出现折中的结果（当然，只有当法官划分球的所有权时）。当采取 B 计划的结果不确定时，乐观偏见会使得 B 计划看起来更加可取。这会降低达成协议的期望，缩小谈判区间（也就是说，当两人相信选择法律诉讼有更好的前景时，他们肯定不会选择和解）。

当对方的 B 计划的结果不确定时，就需要谈判者尝试通过强调 B 计划可能导致的负面后果来减轻对方的乐观偏见程度。举例来说，这就是在庭外和解谈判中，律师会向对方强调案情的原因。尽管对方认输的可能性为零，但这样做的目的是降低对方胜诉的信心，哪怕是一点点。

在一些谈判中，达成协议的后果是不确定的。波诺在试图说服比尔·克林顿完全免除非洲债务时，如果克林顿同意，这可能会留下一个伟大的政治遗产，也可能被骂软弱天真。如果克林顿的决策不够大胆，只免除部分债务似乎具有更可预测的结果。在这种情况下，我们可以预测到乐观偏见让克林顿认为这个摇滚明星提出的建议比客观分析得出的结论更令人满意，从而增加同意的可能性。

在这些情况下，谈判者可以将乐观偏见作为说服工具，让对方变得乐观，从而将注意力放在达成协议可能带来的更积极的结果上。

多点乐观也会对谈判区间产生影响。在电影《选秀日》中，克利夫兰布朗队总经理桑尼·韦弗知道，用球队未来几年的选秀权来换取选秀明星四分卫波·卡拉翰是一个潜在的巨大机会，但也有很大的风险。西雅图海鹰队总经理建议说，这笔交易可能会拯救克利夫兰，这可能是敲定这笔交易的额外推动力。桑尼像我们大多数人一样，很可能会相信他能把握创造奇迹的机会。

16
可得性启发

1978年，三个十几岁的女孩开着一辆福特平托去看排球比赛，结果被一辆厢式货车追尾。平托车的油箱爆炸，汽车变成了地狱。其中两名女孩当场死亡，第三名受害者几小时后死亡。

正如马尔科姆·格拉德威尔在《纽约客》上撰文说的那样，人们可以从不同的角度来解释三个女孩的死因，每个角度有不同的责任对象。一是重量达4000磅的厢式货车，它的重量是紧凑型平托轿车的两倍。二是厢式货车的驾驶员，显然他在撞车前正低头找香烟，直到撞车才看到前面的平托。三是平托车突然在行车道停了下来，因为马路牙子阻止了司机靠边停车去取回刚刚掉落的油箱盖。这个案件的主要责任归于平托车使用了轻型钢材，厢式货车车身太重，货车司机的疏忽，抑或是道路的设计者。[1]

然而，公众的愤怒没有针对这些原因，而是针对将平托车的油箱置于后保险杠附近的工程师。因此检方指控福特汽车公司犯有刑事杀人罪，平托这个型号的车很快就从市场消失了。实际上，平托的设计并不差。统计数据显示，通用汽车或美国汽车公司生产的同级别汽车更危险。由于设计上的选择，平托车在某种程度上比同级别的汽车更容易因追尾碰撞而导致乘车者被烧死，但在其他方面比竞争对手更安全，这个事实让福特最终在法庭获胜。[2] 为什么几乎所有的公众注意力都集中在油箱上呢？

答案就在于人们所说的可得性启发，[3] 这是系统 1 用来解释复杂世界的另一种思维捷径。因为诸多原因，有些事件在心理上比其他事件更突出，在心中挥之不去，我们往往通过对事件突显程度的判断来预测其发生的频率。做判断很容易，但要确定事件发生的频率则很难，从而得出结论——心理上的可获得事件比实际发生的可能性更大。与大多数启发式一样，这种启发式通常是合理的，但并不总是准确的。事件之所以突出，是因为它们频繁发生，但有时，完全是因为其他原因而显得突出。

试着问自己，英语中以 K 开头的单词更多，还是第三个字母是 K 的单词更多。研究可得性启发的心理学家知道，第三个字母是K的单词更多。其实，大部分人认为以K字母开头的单词更多，因为比起K字母在中间的单词，人们更容易想到以K字母开头的单词——kitchen、king等。但是，在这种情况下，心理可得性并不等于实际可得频率。大部分美国人也认为他杀比自杀更频繁，可事实恰恰相反。造成误解的原因可能是他杀案件经常得到媒体的广泛报道，而自杀案件很少得到媒体的报道，除非自杀者是名人。

每一次谈判都是在两种可能性中做出选择，一种是双方达成协议，另一种是双方都选择自己的B计划。正如我所指出的，选择的后果通常并非完全确定的。对比尔·克林顿来说，答应波诺的请求，完全免除债务可能会让他成为一个国际人权英雄，但也可能引发民主党选民的愤怒抵制，他们认为总统应该更慷慨地对待需要帮助的美国公民，不要那么慷慨地对待外国人。对亚历克斯·波波夫来说，诉讼可能会使自己拥有这个本垒打棒球的专属权，共享所有权，或一无所获。波诺和帕特里克·哈亚希可通过让克林顿和波波夫意识到如果达成协议，他们可获得积极结果，如果出现僵局可能对未来造成负面影响，来提升达成协议的概率。

试想一下，1979年，一名销售人员试图向客户推销雪佛兰维加——福特平托的主要竞争对手。维加实际上并不比平托安全——两款车都有同样的不安全因素[4]，但是汽车燃烧成火球的画面很吸引眼球，在人们脑海中挥之不去。一提到平托的油箱爆炸，几乎都会导致客户提高他们对维加的保留点。福特在1980年停止生产平托，这不足为奇。雪佛兰的销售人员无疑向潜在客户暗示，买维加更明智，买平托可能导致油箱爆炸。

17
用共识进行谈判

我们来看看 20 世纪中期由现代心理学之父们做的两个著名实验，实验说明了他人的举动对我们的行为有多么重要。

1951 年，所罗门 · 阿希向受试者展示了两幅图片。一幅是一条直线，另一幅是三条不同长度的直线，其中一条和第一幅图片中的直线长度相同。

阿希问了受试者一个非常简单的问题：第二幅图片中的哪一条直线与第一幅图片中的直线长度相同？几乎每一个对照组的受试者都给出了正确答案。被分配到实验条件下的受试者与其他受试者（实际是阿希的工作人员）被安排在同一个房间。阿希首先向他的助理提问，其中几个人自信地给出了错误答案。当真正的受试者被问及这个问题时，超过 1/3 的人给出了助理回答过的明显错误的答案。[1]

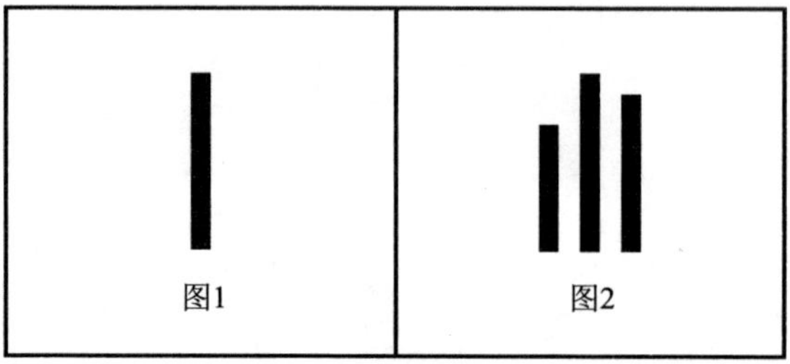

所罗门·阿希的直线实验

10 年后，斯坦利·米尔格拉姆（因通过实验展示了普通人在权威人士的命令下愿意对他人施以看似痛苦的电击而闻名）在街角安排了一名助理仰望天空。偶尔，路过的行人也会停下来往天上看一眼，但很少有人会驻足观看。然而，当米尔格拉姆安排一组助手站在同样的位置仰望天空时，许多人就会停下来和他们一起看天空。这个实验中米尔格拉姆的助手越多，行人停下来仰望天空的可能性就越大。[2]

这些实验证明人们使用社会线索作为启发式的两种不同方法。米尔格拉姆的实验表明，当我们构建自己的偏好时，我们是如何以别人的行为作为线索的。当你沿着街道走到一个角落时，如果你看到如此多的人停下来仰望天空，你可能会想，天上可能会有一些让人觉得有趣的东西，因此，你会停下脚步，停下来看看是怎么回事。

你可能在酒店的浴室里看到过一些标志，让你在每天更换毛巾和为了节约资源、保护环境而重复使用毛巾之间做出选择。这些标志让客人重复使用毛巾的概率大幅提升。但是对很多睡眼惺忪的客人来说，这种作用不明显。当然，重复使用毛巾节约水，这显然是件好事。每天用一条干净的毛巾是一件很奢侈的事。多洗一条毛巾到底能对环境造成多大伤害呢?

当面临决定怎样用毛巾时，你会在意陌生人可能怎么做吗？心理学家罗伯特·恰尔蒂尼和他的同事发现，对很多人来说，答案是肯定的。如果在随处可见的标志上写明“大部分客人重复使用毛巾”，与只写明“客人重复使用毛巾可以帮助保护环境”相比，毛巾的重复使用率提高了26%。[3]

阿希的实验表明，我们经常依赖他人来解释我们周围世界的信息，这将间接影响我们对谈判的分析。假设你看到一个街头小贩在叫卖19.95美元的羊毛围巾，如果围巾是用羊绒做的，这看起来是个不错的交易，但如果是用低质量的羊毛做的，就不划算了。如果你不是纺织专家，这时就很难决定这条围巾的保留价格是应高于还是低于20美元。如果有人排着长长的队伍等着买围巾，比起只有摊贩一个人站那儿，你更有可能购买。

遵守社会共识真的会让人做出更好的决策吗？有时会，但并不总是这样。正如詹姆斯·索罗维基在《群体的智慧》一书中所阐述的那样，如果群体成员具有多样性，并且能够单独做出决定，对于事实信息，群体决策通常比个体决策更好。[4]例如，你想知道罐子里有多少颗软糖，你最好让20个人去猜，然后取他们回答的平均值，而不是自己去猜。但是如果群体成员过于单一，有着同样的偏好和世界观，甚至更糟糕的是，如果他们是按顺序做出决定的，并且受到前面那些人的决定影响，那这个群体可能会被证明是愚蠢且不明智的。如果后19个人是根据第一个人的猜测结果进行猜测，如果第一个人的视力不佳，或者注意力不集中，这个群体猜测的平均值可能就会非常不准确。当然，如果涉及主观效用问题，例如，一罐软糖值多少钱，群体共识就只有在群体成员与你有相似的偏好时才有用。

然而，一般来说，在复杂的世界里，信息太多，而认知能力有限，无法完美分析所有信息，也没有时间思考，因此依赖社会信号可能是非常有用的启发式手段。反过来，这又给谈判者提供了利用社会共识作为说服工具的机会。在其他条件相同的情况下，我们都会选择从受欢迎的供应商那里买围巾，而不会从没有客户的供应商那里买，都会宁愿进入“最佳雇主”调查排行榜的公司工作，而不去那些没有入榜的公司，我们也都会选择学生评价最好的教授的课程，即使我们知道没有一个指标能够绝对保证高质量。因此，一个全能型谈判者应该让对方明白，有人重视他开出的条件。

正如我们所期待的，哪个社会群体的行为或言辞最具说服力，取决于实际情况。当我们试图确定某些商品或服务的价值时，不是每个人的观察或偏好都是同等相关的，而人们似乎本能地认识到了这一点。对广告的研究表明，一个产品最有效的代言人取决于卖家到底要卖什么。

当功能性是价值的关键，但又难以评估时，该领域的专家意见就是最重要的，想想清至（Trident）多年的无糖口香糖商业广告，“80% 的牙医给嚼口香糖的病人推荐无糖口香糖”。[5]（那医生给剩下 20% 的病人推荐哪种口香糖呢？）当一个东西可以反映社会地位时，名人就是更好的代言人，这或许可以解释为什么篮球教练菲尔 · 杰克逊开奥迪车（至少在广告中是这样），演员马修 · 麦康纳开林肯，并且声称在拿代言费之前开的就是林肯。当价值由个人主观享受决定时，我们可能会认为普通人的偏好与我们相似，因此，普通人提供的评价通常是最有效的，这或许可以解释为什么麦康纳不为巧克力曲奇或厕纸代言。[6]

谈判者可以通过说明适当的参考群体会提高焦点谈判中达成协议的价值，或降低对方追求 B 计划的价值来使用说服工具。

18
抗拒心理

科林·索特是电视直销节目的传奇作家。电视直销节目通常在深夜或者专门的有线电视频道播出，邀请观众立即购买所宣传的产品，通常是通过网络或者电话。2012 年，排名前 50 的电视商业广告中有 7 个是她写的广告词，[1] 她写的广告词卖出了超过 10 亿美元的产品，但她最著名的广告词与她要卖的产品没有直接关系。

在诺迪克运动设备广告的结尾，索特决定用一句改编的提示语"如果话务员繁忙，请重拨"代替常用提示语"话务员等你来电"。根据《哈佛商业评论》的一篇文章，这个微小的变化"使健身器材成为电视购物史上最畅销的产品之一"。[2] 诺迪克是一个著名的电视购物品牌，把它的成功全部归于一句提示语的改变，可能有点片面，但是这个语言上的简单改变的确使其销量有了明显增长。为什么？

传统提示语“话务员等你来电”暗示产品需求低。如果有许多观众按广告上的价格购买诺迪克设备，话务员还会只等着接你的电话吗？很可能不会。如果设备受欢迎，话务员将忙着接单，当你打电话时，你就会听到电话占线的忙音。面对如此高人气的产品，诺迪克提醒你再次拨打电话，而不是放弃，这一点很重要。

修改语音提示后，诺迪克电视购物更具说服力可追溯到抗拒心理学原理，这一原理是心理学家杰克·布莱姆在 1956 年首次提出的。[3] 如果害怕得不到，我们往往会要求更多。当然，诺迪克设备看起来确实有趣，谁不想一边躺在沙发上吃奇多，一边想象自己像用它锻炼的模特一样，拥有六块腹肌？但是，我们会用它吗，即使用了，我们的身材会像电视上的模特一样吗？它物有所值吗？这种健身器材是否有用，在一定程度上取决于我们能否买一台。如果所有的人迫切地想买，那话务员可能很忙，我们最好抓紧时间买一台。

最近，美国广播公司的电视情景喜剧《摩登家庭》有一集也展示了这一理念。由泰·伯勒尔扮演的笨手笨脚的房地产经纪人菲尔·邓菲第七次带一对夫妇看房子，这对夫妇说他们很喜欢这套房子，但不确定他们是否“爱上”了它。就在这对夫妇四处观看的时候，菲尔接到了妻子克莱尔的电话，她担心清洁工不会把菲尔放在他们家门前摇摇晃晃的旧安乐椅拖走。菲尔用非常肯定的语气对克莱尔说：“如果他们不要，别人会要的。”当克莱尔质疑的时候，菲尔自信地解释道：“既温暖又舒适的东西，会有人抢着要的。”听到谈话的内容，这对优柔寡断的夫妻，突然担心房子就要被买走了。在极度的恐慌中，他们的优柔寡断消失了，立即决定买房。[4]

也许好莱坞的编剧们研究了逆反心理，逆反心理特别适合搞笑，因此经常出现在情景喜剧中。HBO 的《硅谷》讲述了由托马斯·米德迪奇饰演的科技天才理查德·亨德里克斯和他那一群超级书呆子程序员、商业顾问试图创办一家新公司的艰辛历程。当亨德里克斯和他的伙伴们试图为他们突然火爆的想法吸引风险资本家的投资时，有一家风投公司甚至租下了旧金山巨人队的棒球体育馆（就是巴里·邦兹打出不幸的本垒打的地方）举办派对，并将亨德里克斯的形象贴在外场大型屏幕记分牌上。然而，当亨德里克斯到办公室讨论融资问题时，那些风投突然变得不那么热情了，指出了亨德里克斯商业计划中的问题，告诉他等他解决了这些问题后再来找他们。亨德里克斯意识到他的致富之路可能不像看上去那么顺利，于是变得紧张起来，但他那好吹嘘的顾问艾利希·巴赫曼（由 T. J. 米勒饰演）却认为这是风投公司的一种谈判策略。

巴赫曼向亨德里克斯解释说，风投公司不是在心理上抗拒他们，只是表面上“否定”他们。他认为，这种策略通常被男性用作性操纵的一种形式，他们试图假装对女人不感兴趣来激发女性的兴趣。亨德里克斯感到自己被操纵，暴跳如雷，他冲进了董事会会议室，大喊他决不会让那家风投公司投他的公司。这时，风投资本家们慌了，因为他们意识到投资下一家大公司的机会正在溜走。[5]

就像稀缺性会增加谈判者达成协议的主观价值一样，可得性会降低主观价值。如果菲尔·邓菲说你正在考虑的房子就要卖出了，那在你看来，它的价值可能会增加。相反，如果他告诉你这套房子就是你的，那么在你看来，房子的价值就可能下降。事实上，众所周知，真正的地产经纪人（真正的中介）会从众多的挂牌服务中删除一些尚未售出的房源，然后重新发布，以便将“挂牌天数”的统计数字归零。[6]这种做法表明，买家往往会对在市场上挂出太久的房子的质量表示怀疑。

有时，就像一份过久的房地产清单一样，一笔潜在交易的可得性表明其他人已经拒绝这一交易。从逻辑上看，我们可以将这一事实解释为，如果知道所有的信息，我们很可能也会认为该交易是不可取的。当然，情况并非总是如此。其他人可能会误解事实，或者他们的偏好与我们不同。但这种启发式似乎是合理的，尤其是当我们没有时间调查市场上的每一栋房子时。其他人不愿意买的房子会潜藏什么问题呢？

心理学家李·罗斯和他的同事将这种现象命名为反应性贬值，[7]研究表明人的主观价值与实际价值略有不同：潜在的谈判对手愿意达成特定的交易会降低这笔交易在我们眼中的价值，即使其他人也没有机会达成或拒绝这笔交易。例如，一项研究发现，当两组学生被告知一项解决巴以冲突的具体方案是由双方政治领导人提出的时，他们都会支持。但当学生们被告知该方案是由对方领导人提出的时，他们就会反对。[8]

毫无疑问，造成这一结果的部分原因是，解决这个长达几个世纪的种族和政治争端很复杂。学生们很聪明，意识到他们未能获得所有的相关信息。如果一个长期的对手提出一份谈判协议，你会担心它对你的效用可能比看起来要小，因为有些原因你可能根本不知道。如果担心对方拥有我们缺乏的信息，那么当我们有时间和机会仔细研究细则时，任何最初仅仅因为对方愿意接受协议条款就不愿意接受谈判协议的顾虑就会消失。但当隐藏信息的风险较低时，人们也会消极地贬低可达成协议的价值，这表明可得性会影响我们的实际偏好。

有一项研究说明了这一点。一些学生曾经为一位教授做过研究助理，实验人员告诉这些学生，他们为教授的一篇文章所做的贡献比一般的学生助理重要得多，作为回报，教授可以给他们支付现金，或在文章发表时获得合著者积分。一半的学生被告知，教授已经向他们支付现金，而另一半学生被告知教授已经给了他们合著者积分。然后，受试者被问到他们更喜欢哪种补偿形式。总体上，那些获得现金的人更喜欢合著者积分，反之亦然。[9]与旨在解决长达几个世纪复杂的种族仇恨的提案不同，大学生大概可以确认从合著者积分和现金支付中获得多少效用。这里面没有任何隐藏信息，它表明补偿的可获得性对学生确定它会提供多少效用产生了负面影响。

稀缺性能增加说服力，太容易得到则会削弱说服力。这意味着，对于一个全能型谈判者，成功往往需要微妙的技巧。一方面，谈判者需要表明达成协议的确是可能的。否则，对方凭什么要花精力调查达成协议的机会。另一方面，谈判者又要暗示可能达不成协议，目的就是使对方对协议的感知价值最大化。

19 投其所好

说服也可以通过其他形式来实现，使得达成协议可以提高对方更广泛的自我认知或自我形象，而不是更狭隘的直接利益。

林登·约翰逊在当选副总统和总统之前是参议院多数党领袖，被认为是美国参议院有史以来最成功的交易撮合者之一。没有比他在分裂的国会中试图推动具有里程碑意义的《1964 年民权法案》的谈判更艰难的了，尤其是在约翰·F. 肯尼迪遇刺后作为新总统的时候。约翰逊的民主党分裂成支持该法案的北方自由派和坚决反对该法案的南方种族隔离主义者。更糟糕的是，他自己党内的南方人极力阻挠该法案的通过，甚至阻止参议院对法案进行表决。要想得到 60 名参议员的支持，消除阻挠，就需要共和党的支持，因此约翰逊把参议院少数党领袖埃弗雷特·德克森叫到办公室，争取他的支持。

德克森性情保守，对扩大联邦权力持谨慎态度，他最初不愿意支持总统的改革法案，并列举了一系列他犹豫不决的现实和意识形态原因。约翰逊向这位共和党领袖发出挑战“这决定你是想作为一个改变历史进程的人被人记住，还是做一个只喜欢听好话的人被人记住”之后，才赢得德克森的支持。约翰逊没有试图满足德克森眼前的目标和欲望，而是直击德克森的偏好。换句话说，就是德克森自己想成为什么样的人，同意总统的提案可能扩大德克森的自身利益。

德克森召集了共和党人投票打破了拖延战术，从而使法案得以通过。约翰逊用 75 支笔签署了这项具有历史意义的立法。他将第一支签名的笔送给了德克森。[1]

一项更普通却极其重要的洗手活动也体现了这一原理。人们早就知道，如果医护人员更频繁地洗手，医院获得性感染的数量就可以大量减少，但是医院一直很难督促医生勤洗手。心理学家亚当·格兰特和大卫·霍夫曼在一家医院放置了一些标志，强调洗手可以保护医护人员或病人不感染疾病，他们还发现放置标志之后，病人洗手的频率明显提升，但是医护人员却没有。[2] 医护人员觉得频繁地洗手很费事，但是事实证明，如果这样做有助于维护他们关心病人高于一切的自我形象，大多数医生会愿意更频繁地洗手。

如果你善于观察，几乎每天都能在常见的商业交易中看到投其所好的例子。最近，我家的热水器坏了，需要更换。一个销售人员来到我家，向我推荐一款来自韩国的技术先进的高端热水器，价格是其他热水器的两倍。在列出一堆我不懂的技术参数之后，他非常严肃地对我说："你看起来就是个想要给家人最好东西的人。"

我没有买他的产品，可能是因为我把自己看成了一个谨慎的消费者，对购买东西的整体价值感兴趣，而不是那种想要用钱买最好东西的人。我爱我的家人，但是我真的不在乎他们是否用最好的热水器——一个可靠的能提供热水的热水器就足够了。然而，我认为，这种投其所好的做法，确实能让那位销售人员说服其他客户重新评估热水器的保留价格，就像米其林用可爱的婴儿和"你的轮胎承载了太多"打造的长期广告宣传活动，与其他品牌的轮胎相比，这有助于将米其林轮胎卖给那些不懂轮胎相关性能的人。[3]

20
讨喜的好处

HBO 的政治讽刺剧《副总统》中有一集情节是，茱莉亚·路易斯－德瑞弗斯饰演的美国副总统塞利娜·梅耶正在成立一个工作组来研究“清洁能源”，她想给能源行业的政治贡献者在能源委员会中留席位。随后，在一位自由派议员的要求下，她承诺会做出相反的决定：剔除能源行业代表。当幕僚疑惑地问她为什么做出这样的承诺时，梅耶说她之所以改变立场，是因为中了“圈套”。“他眼里闪烁着光，而且对我彬彬有礼。”她带着歉意解释道。[1]

并不是只有副总统梅耶那样的人有这种反应。作为群居动物的重要成员，我们本能地对自己喜欢的人比对不喜欢的人更慷慨。与我们更有可能给喜欢的人提供帮助或送礼物一样，在谈判中我们也更有可能向他们妥协。部分原因是我们更倾向于信任让我们感到亲切的人，这一点我们将在“谈判工具的应用”部分探讨。另一个同样重要的原因是，我们能从做有利于我们喜欢的人的事情中获得好处。这种感觉很好。

如果你的孩子承诺立即上床睡觉，但是要多吃一勺冰激凌，你会感到开心，因为你不必为今晚的睡觉时间而争斗，孩子也会因为得到更多的甜食而高兴，反之亦然。如果我们不喜欢对方，就不希望协议能让对方开心。有时，你就是不会去你认为曾经欺骗过你的人那里买东西，即使去别处买更贵，你就是不想让那个商家从交易中获益。

做个讨人喜欢的人，本身就能够增加对方与你达成协议的愿望，有效改变对方的保留点。对方从达成协议中获得效用的来源有两个：一是对方将获得的物质利益，二是对方将通过做你想做且有利于你的事情而享受达成协议的良好感觉。对方越喜欢你，第二种效用的可能性就越大。

当谈判者考虑说服工具的时候，通常集中精力说服对方达成协议将会为他们带来第一种效用。一个全能型谈判者则通过确保对方享受第二种效用而获益。如果这样做不需要你付出任何代价，那就再好不过了。

工具二的关键点

- 说服就是使对方相信，一份协议对他来说比他之前认为或意识到的更有价值。这将使对方的保留点远离你的保留点，增加谈判区间的范围，使你有可能获得更有利的协议。
- 说服可以通过展示达成协议的优势和好处，或对方 B 计划的不足来实现。
- 要调整说服策略，首先要问一些问题，了解对方特殊的需求和关注点，不要生搬硬套。
- 说服可以在评估价值选项时，基于系统 1 依赖启发式的许多方式，以尽可能好的角度确定交易的可能性，包括对参考点和锚定点的依赖、损失厌恶、乐观偏见、获得性启发和抗拒。
- 说服也可以通过相关的第三方来强化，向他们表明核心交易是可取的。
- 努力说服不该局限于强调交易的物质利益，谈判者也可以从向他们喜欢的人提供利益，以及从与他们的自我形象一致的行为方式中获得效用。

工具三：交易设计

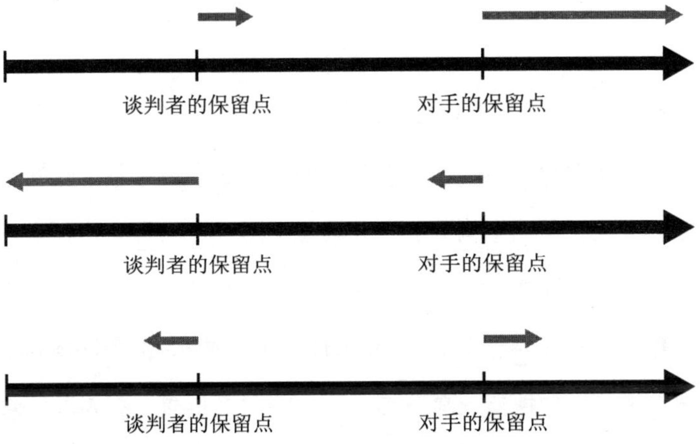

21
交易中的创造性

在 20 世纪爵士乐盛行的时代，企业家伊瓦·克鲁格在大西洋两岸声名大噪。他是欧洲人眼中的金融家、美国总统顾问，以及瑞典火柴公司的架构师。该公司是国际工业巨头，曾经生产世界 2/3 的火柴用磷。由于在金融工具发展方面的创新，他被称为现代华尔街的先驱。1929 年股市崩盘后，克鲁格的金融不端行为被曝光，人们把他与臭名昭著的诈骗犯查尔斯·庞齐甚至黑帮头目阿尔·卡彭归为一类。[1] 其实 20 年前，克鲁格创造性地重新设计了一种商业模式，赚取了他人生的第一桶金。

1908 年，年轻的克鲁格在伦敦创立了一家名为克鲁格 & 托尔的建筑公司。当时，标准的施工合同不保证按时完工，这意味着业主承担所有的工期延误风险。尽管一些工期延误是承包商无法控制的，但建筑商比他们的客户更有能力选择可靠的分包商，通过有效地管理分包商，留出足够的时间采购物料等措施来降低工期延误的风险。建筑商往往比他们的客户处于更有利的位置，他们为自己不能控制的施工延误进行投保，并分散他们无法对项目组合进行投保的风险。克鲁格了解到，只要保证项目按时完成，许多客户就愿意支付溢价。他开始在合同中加入这样的条款。到第一次世界大战爆发时，克鲁格 & 托尔已经成为欧洲领先的建筑公司之一。[2]

按照惯例，消费者和商家的合同中会出现大量难以理解的条款，许多谈判者认为，大多数交易有固定的程式，按某种特定的方式进行，谈判中的变量是有限且固定的。利用第三种谈判工具——交易设计，全能型谈判者以独特方式制定合同，以增加由此带来的合作盈余。这种结构性的变化改变了双方的保留点，如果运用得当，可以扩大谈判区间。

克鲁格明白，注重交易设计可以提高交易的潜在价值。承担延期的风险无疑会增加克鲁格的预期经营成本，但这将提高他提供施工服务的保留价格。与一般合同相比，保证施工的时效性提高了许多潜在客户的保留价格，从而扩大了谈判区间，增加了合作盈余。这样，克鲁格就可以收取较高的施工费用来平衡成本，同时为他的客户提供比竞争对手更有保障的施工服务。

22
酒、羊毛和国家财富

在克鲁格的创新之前，大多数建筑商和他们的客户都认为施工合同中可谈判的点是有限的。施工项目的范围和价格都需要协商，但是项目拖延的经济责任却被忽略了，因为双方都可能对此负有责任。合同谈判中没人提出这个问题，并不意味着这个问题不存在。如果延期完工，双方都会承担损失，建筑商成本增加，业主不能够按时入住。如果不明确拖延责任，双方都要承担延期的风险。一般情况下，这种损失由业主承担，因为在新建筑施工期间，业主不能使用新房或将其出租获利。

有时，延期完工可能会带来麻烦，但后果算不上严重。我们假设，一座新房计划于 6 月 20 日完工，客户计划 7 月 1 日在新房为女儿举办婚礼，如果工程延期，在最后一刻更换一个合适的场地举办婚礼将额外花费 2 万美元。为了避免这种风险，让自己心安，客户可能愿意支付 1 万美元的额外费用，让建筑商在签订合同时保证按时交房，万一延期完工，客户的一切损失将由建筑商承担。

客户希望建筑商保证完工日期，甚至愿意多付钱，但这还不能保证万无一失。要保证按时完工就需要适当使用交易设计工具，建筑商的预期成本必须低于客户的预期收益。原因是多方面的，也许承包商通过和更可靠的材料供应商合作就能够避免项目延误的风险，承包商只需要为此花 3000 美元。另外，承包商也不能完全控制延误的风险——在复杂的项目中，通常会出现一些无法预料的问题，而且分包商也不完全受他控制——但是他可以预测延误的可能性很低，评估得出平均预期违约成本只有 3000 美元。

无论哪种情况，如果客户的项目保留价格是 50 万美元，那加上延误保证金，客户的项目保留价格应该为 51 万美元，如果建筑商做这个项目的不含保证金的保留价格是 47 万美元，那加上保证金的保留价格就应该是 47.3 万美元。与一般交易合同相比，把保证金加到双方的合同中会产生 7000 美元的额外价值，双方的合作盈余就会从 3 万美元增加到 3.7 万美元。

交易设计的影响

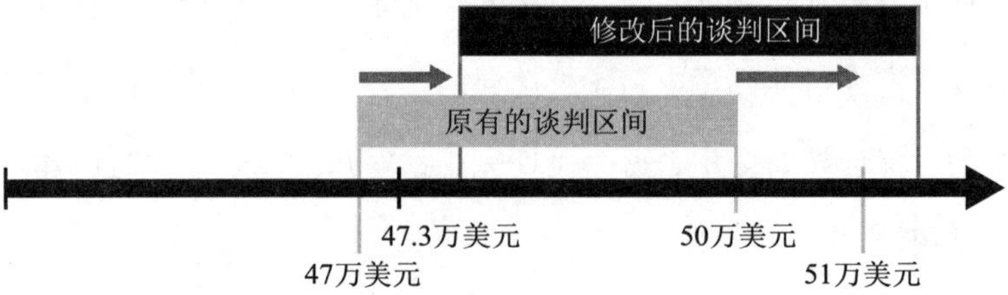

在关于谈判的学术文献中，谈判者设计尽可能有利可图的交易的基本洞察力常常被称为整合型谈判。[1] 这个概念可以追溯到18、19世纪发展起来的核心经济原理。亚当·斯密在《国富论》一书中写到了国际贸易，如果两国各自专注于生产其具有绝对优势的产品，然后彼此进行贸易，那么两个国家都会受益。亚当·斯密举了一个著名的例子，葡萄牙生产的优质葡萄酒比英国生产的便宜得多，而英国生产羊毛的效率更高，因此，与其各自都种葡萄、养羊，不如葡萄牙酿酒，英国生产羊毛，然后彼此交易。[2]

后来，政治经济学家大卫·李嘉图提出了一个重要的观察结果，即使一个国家比另一个国家生产的两种货物都便宜，专业化也会使得两个国家更加富有。因此，每个国家都应该专门生产自己有相对优势的产品。[3] 例如，如果葡萄牙生产优质羊毛的成本比英国略低一点，但是葡萄牙生产优质葡萄酒的成本要低得多，那么葡萄牙最好只生产葡萄酒，然后用葡萄酒与英国交易羊毛。原因就在于葡萄牙生产羊毛的机会成本——要生产羊毛就要降低葡萄酒的产量——比从英国采购羊毛的机会成本更高。

这就解释了为什么与他人进行贸易比设法自给自足（自己种植粮食、建造房子、干洗衣物、自我治疗等）更有优势。根据这一原则我们不难看出，如果能够按各种生产要素的比较优势进行交易，双方都将受益。

例如，假设葡萄牙由于土质更好，在种植酿酒用的葡萄方面具有比较优势，而英国由于技术更好或劳动力更便宜，在生产葡萄酒方面具有比较优势。因此，如果葡萄牙种植葡萄，而英国进口葡萄酿酒，两国就能发挥比较优势，实现更好的发展，葡萄牙不能因为拥有全面的比较优势就在葡萄酒生产的各个环节进行投资。

比较优势分析表明，可以通过深思熟虑的交易设计增加谈判双方的总体合作盈余，但这并不能保证他们将会按这种更有利可图的方式签订合同。如果承包商可以避免工期延误或将延误损失降到 3000 美元，而对客户来说，保证提前完工值 1 万美元，因此，签订合同时明确由承包商承担延误责任将会增加总的合作盈余。[4] 但是承包商可能不愿意花 3000 美元为客户提供价值 1 万美元的额外利益。即使承包商非常关心客户，也不大可能为合同中的任何瑕疵承担法律责任。

这就解释了为什么经济学专家几乎都喜欢自由贸易，但是许多工人近年来却明显不那么喜欢自由贸易。因为比较优势，贸易的总收益会大于总成本。但是贸易的收益和成本往往分属不同的人群，所以并不是每个人都会获益。除非工作被转移到国外的当地牧羊人得到当地酿酒商的利益补偿，因为酿酒商从扩大的市场中获利了，否则自由贸易就不会出现皆大欢喜的局面。

在政治舞台上，受益的酿酒商可能会在投票中击败境况变得更糟糕的牧羊人，从而签署自由贸易协定。但是在谈判中，双方对任何潜在的交易都有否决权。这意味着，除非谈判的一方犯错，达成一项比实施 B 计划更糟糕的协议——这种情况确实会发生（比如马特·哈灵顿再也没能在大联盟打球）——否则根据比较优势原则产生的贸易收益将被双方以某种形式共享。

如果谈判双方都希望改变交易设计，那么这种改变不仅要增加合作盈余的总量，还得使双方都受益。[5] 让承包商承担施工延误责任，业主至少要多支付 3000 美元，但不会超过他愿意支付的上限 1 万美元。如果交易设计的变更符合这个标准，最后就会实现双赢。

23
增加成本

独立战争之后，美国人口向西迁移。对想要出售农产品的新移民来说，进入密西西比河和新奥尔良港口就变得尤其重要。由于法国人和印第安人的战争，1762 年，西班牙从法国手里取得了新奥尔良和路易斯安那的控制权，并在 1795 年签订了条约，给了美国人在密西西比河通航和在新奥尔良储存经墨西哥湾运输的货物的权利。

然而，在拿破仑的统治下，1800 年，复兴和奉行扩张主义的法国开始向西班牙施压，西班牙便归还了路易斯安那的领地，同时，法国命令地方当局禁止美国人使用新奥尔良港的储存设施。于是美国西部领土的主要贸易线路受到威胁，托马斯·杰斐逊总统派詹姆斯·门罗前往巴黎，商谈购买新奥尔良港口和密西西比河的通航权，如果可能，连佛罗里达一起购买。这次谈判，杰斐逊给门罗设定的保留价格是1000万美元。

但在门罗到达法国之前，拿破仑在美洲重振法兰西帝国的梦想破灭了。在今天的海地，法国军队没能成功镇压奴隶和自由黑人的叛乱，拿破仑的幕僚们告诫他，在即将到来的欧洲列强战争中，路易斯安那很容易被英国人占领。

当门罗到达巴黎时，法国外交部长提出出售整个路易斯安那的领地。仅仅几周之后，门罗就买下了路易斯安那——82.8万平方英里，从密西西比河一直到落基山脉，后来此区域建立了13个州——价格约为1500万美元，只比美国政府为取得通航权愿意支付的成本多500万美元。[1]

购买路易斯安那体现了使用交易设计工具的最常见方法：在最初假定的谈判范围内增加一项谈判内容。人们所理解的社会规范，或双方在谈判前的交流，通常会促使双方就潜在交易的结构达成共识。扩大谈判范围要求双方确定增加一些商品、服务或法律权利，这将为受让方创造更多的价值，而不会使出让方付出更大的代价。

如果你买房的保留价格是100万美元，而我卖房的保留价格是90万美元，那我们就有了互利交易的基础。谈判区间在90万美元至100万美元之间，我们将创造10万美元的合作盈余。但这并不意味着我们应该扩大协议范围，如包括我的家具（衣服或者狗），以抬高价格。大多数时候，房子的卖家比买家更看重家具，所以家具通常不包括在房子销售价中。但是如果一个定制的自助餐桌正好适合餐厅，而且很难重新安置在其他房子，那么买家可能比卖家更看重这个特殊的物件。如果谈判者善于利用交易设计工具，他们将会把自助餐桌添加到交易范围中。

1803 年，美国购买路易斯安那就是为不断增长和涌动的人口提供未来扩张的机会。拿破仑认为，对法国来说，这些土地基本上是无用的——远离本土，难以管理，而且无法抵御英国的进攻。将这片土地加入一项原本只针对新奥尔良的交易，极大地提高了交易的合作盈余。事后来看，每英亩的交易价格才 3 美分，似乎美国人获取了大部分的额外合作盈余。但这对当时的法国也是一笔有利可图的交易，它从一块被认为是麻烦大于价值的土地上获得了数百万美元。

在路易斯安那领地谈判中，卖方在交易中增加了对买方有更大价值的有形资产，从而增加了协议的价值。不过，对买方而言价值大于卖方的利益有多种形式。伊瓦 · 克鲁格就是一个例子：作为卖方，他对其出售的服务增加了延时风险的责任，大部分买家认为这比他提供服务本身的价值更重要。

另一家房地产公司的房屋交易表明，时机——并非土地或风险——可能是谈判中的另一个价值来源。当房主决定卖房时，他们的时间要求可能有很大差异。如果一个人想卖掉在城里的房子，然后退休到乡村过更安静的生活，他可能不急于找到有兴趣的买家。但是，如果买家刚刚换了工作，而且需要马上让他的孩子去新学校上学，那么他最看重的可能是尽快成交。住宅房地产市场的流动性远不如股票市场，股票在网上几乎可以瞬间卖出，而一般的房屋销售需要数周或数月时间。

一旦房子的卖家找到买家，如果快速完成交易对卖家的价值超过买家的成本（或如果这种快速交易对买卖双方都是有价值的），双方就可以设计他们的协议尽快完成交易，但在确认买家之前，这种典型的附加条件显然不能添加到交易设计中。如果你找到美国房产交易初创企业 Opendoor，这家公司将会迅速买下你的房子。该公司利用大数据，通常在几个小时内就能够估算出房子的最终价格，以找到合适的买家。它通常会在联系卖家后的 24 小时内，根据想住这个房子的买家最终愿意支付多少钱，向卖家提出报价。然后，该公司会耐心地等待买家看中这套房子并出售。

当然，Opendoor 的报价比它认为的房子最终能卖出的价格要低一些，这是为了补偿转售的交易成本，以及房子待售期间的资金成本和时间成本。但如果对 Opendoor 来说这些成本比卖家快速卖出获得的价值低——有时确实如此，我们就可以理解它为什么会以某种方式快速促成交易，这可以增加双方合作盈余的总量。[2]

通常，增加一项内容就会增加一方的成本，即使另一方将获得更大的利益。将新奥尔良以外的路易斯安那领土剥离对拿破仑来说是“成本”而不是利益（他不再需要将土地拱手让人或者倒贴钱给美国），在几小时内就给房子定价需要 Opendoor 的巨大投入。然而，在某些情况下，谈判者可以确认同时对双方有利的附加条款，甚至保持交易价格和其他条款不变。举个例子，这是一个势利的社会名流和一个不喜欢社交的表演艺术家的虚构故事：社会名流问艺术家去私人派对上表演要多少钱，艺术家报价 5000 美元。社会名流又说自己有一个条件——艺术家不能够和派对上的宾客交流，艺术家冷淡地回应：“那 2000 美元就够了。”[3]

交易设计对双方有利

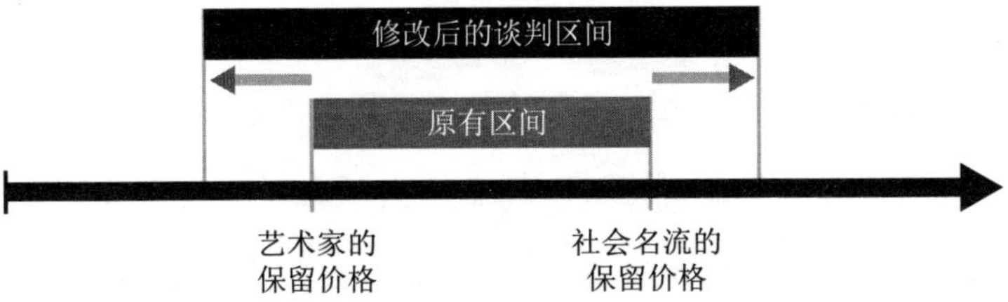

24
拆分和删减

汽车几乎都是带轮出售的。你可能买了一辆车，或者很多车，却丝毫没有注意汽车销售合同。事实上，每个购车者买车都是拿来开的，而不是把它当个巨大的镇纸或者雕塑展出，所以购车者需要 4 个轮胎。将轮胎和底盘一起出售，节省了汽车销售商的交易成本，否则购车者不得不调研，并且单独购买轮胎。但是请注意，将汽车底盘和轮胎捆绑只是一种选择，不是理所当然不可改变的规定。

大多数谈判协议将理论上可以分开的项目捆绑在一起，比如汽车和轮胎，因为这样做可以使合作盈余总量最大化。大多数情况下，这种合作盈余的总量是可以实现的。许多谈判者将他们的谈判限制在已经确立的捆绑内容上，而没有仔细考虑其中的可能选择。由于谈判者的偏好和环境的不同，常规的捆绑协议不会为谈判双方带来最大的合作盈余。全能型谈判者会寻求机会，达成非标准协议，尽可能创造更多的合作盈余。

正如前文所述，更多合作盈余通常可以通过捆绑交易内容来实现。在美国，典型的房屋销售不包括家具，因为卖家往往比买家更珍惜他们的家具。但有时，情况并非如此。也许卖家打算买个房车环游世界，不需要任何家具，而如果买家准备从小公寓搬过来，几乎没什么家具，在这种情况下，买家将会比卖家更看重卖家所有的（或几乎所有的）家具。这种情况就要求双方不按常规，将卖家的家具纳入交易范围。

在许多情况下，也可以从标准的一揽子销售中减去一些项目来增加合作盈余。尽管房屋销售通常不附带家具，但是墙上或者天花板上的固定家具通常包括在内。不像普通家具（也可能是定制家具），固定家具可能对卖家的新住所没用，通常对买家更有价值。但是，就像家具有时候对买家更有价值，需要另做项目添加到交易中一样，固定家具有时对卖家更有价值，也应该从交易中剔除。如果餐厅的水晶吊灯是卖家钟爱的传家宝，不过其华丽的造型与买家喜欢的装修风格相冲突，擅长交易设计的谈判者会通过剔除吊灯来增加合作盈余，并允许卖家带走它。

当谈判标的是一系列有形物品，比如汽车底盘和轮胎或房屋和吊灯，就很容易理解减法原则。其实这一原则也广泛应用于一系列标的更加难以识别的情况。一旦你理解了这个概念，这种例子就随处可见。

2001 年 4 月 1 日，一架美国海军飞机在中国南海执行侦察任务时与一架中国战斗机相撞，导致中国飞机坠毁，飞行员丧生。美军飞行员在没有得到中国政府的允许下，在中国的海南岛陵水机场紧急迫降，24 名机组人员全部幸存，但是随后发生了外交事件。

中国指责美国从事间谍活动，称美国军机应该对这次事件负责，并要求美国政府道歉。华盛顿方面的立场是，中国的战斗机应该对此次事件负责，时任美国国务卿科林·鲍威尔回应说，美国“没有什么需要道歉的”。美国政府确实对中国飞行员的遇难表示了“遗憾”，但是中国认为这种措辞不够。中国拒绝释放迫降的军机和机组人员，双方关系紧张。伊利诺伊州国会议员亨利·海德称机组人员是“人质”，民意调查显示，大多数美国人同意这种说法。

与此同时，两国政府之间的幕后谈判仍在继续。中国国家主席已经非常明确地表示，归还军机和机组人员需要美国先道歉。但是，一开始，布什政府的高级官员，包括布什都表示拒绝道歉。双方似乎没有谈判的余地：中国为达成协议所要求的提议（道歉）

要高于美国政府愿意付出的代价。

在对峙的第 11 天，美国驻华大使向中国外交部长递交了一封致歉信，称美国政府对中国飞行员的遇难和美国飞机未经中国允许进入中国领空并降落表示“非常抱歉”，但没有提到撞机事件本身的责任。第二天，中国释放了美国机组人员。[1]

撞机事件的解决可以理解为，将一个看似单一的谈判问题（美国是否道歉）划分为多个部分，然后减去其中一部分，以扩大谈判区间。在这种情况下，也可能创造一个原本不存在的谈判区间。中国对美国要求释放机组人员的条件是美国为此次事件道歉，但由此产生的僵局表明，道歉的声誉代价高于美国的保留点。虽然美国人愿意付出更小的代价宣布对此事表示“遗憾”，但中国认为这样做不够。

经过近两周的外交交涉，美方谈判人员最终将要求“道歉”分为两部分：（1）对此次事件表示“非常抱歉”；（2）对撞机事件承担责任。通过从和解的主题中减去对撞机责任的承担，美国的道歉成本大幅下降，而全体机组人员获得自由的收益超过道歉的成本。虽然中国政府本可以从一个广泛的道歉中获得更多的价值，但事实证明，与陷入僵局相比，有限的道歉更可取。也就是说，美方道歉的价值超出了中国的保留点。

就这一点而言，此事件的解决在设计上与一项更著名的国际协议类似。自 1981 年，罗杰·费舍尔和威廉·尤里的开创性著作《谈判力》中用该协议举例以来，许多谈判类图书都将其作为经典案例。1967 年 6 月 5 日，以色列和其阿拉伯敌对国爆发了“六日战争”，在摧毁了埃及和叙利亚大部分空军基地以后，以色列国防军迅速占领了加沙地带和埃及的西奈半岛，以及叙利亚的戈兰高地。当约旦军队炮轰以色列阵地时，以色列国防军占领了耶路撒冷东区和约旦河西岸约旦管辖的全部地区。[2] 十年后，以色列和埃及发现它们自身在关于西奈半岛归属的谈判中陷入了僵局。埃及拒绝在不归还西奈半岛的前提下签署和平协议，以色列也同样坚决拒绝放弃这片领地。最后，以色列同意归还西奈半岛的控制权，埃及同意保持半岛的非军事化，双方最终打破僵局，达成了《戴维营协议》。[3]

《谈判力》一书中提到的《戴维营协议》得出的谈判教训是，双方通过关注各自潜在的利益，而不是保持冲突的立场来实现和平。[4] 如果双方互不相让，坚持占有西奈半岛，就会出现僵局。以色列的主要“利益”是安全，但埃及再次在以色列这个被围困的小国的西南部部署坦克和军队，将会削弱以色列的利益，而埃及的核心利益是重新获得其统治了 5000 多年的领土的主权。埃及西奈半岛非军事化符合双方的利益，意识到这一点为达成符合双方主要利益并经受住时间考验的和平条约铺平了道路。

这个分析当然是正确的，但具体到个案研究，这也是利用减法策略做交易设计的例子。表面上看，双方似乎在争夺一个单一项目——一块可能被以色列或埃及任意一方控制，但不能由双方共同控制的沙漠。但是，如果“西奈半岛”被理解为两种价值来源的结合，那么以色列为达成和平协议可能将其从一系列让步中减去。

西奈半岛有两方面的价值：（1）一个国家可以在上面悬挂国旗并宣示主权；（2）其可作为军事部署的前沿阵地。将第二项从和平协议的主题中减去，以色列将西奈半岛归还埃及的成本就大幅下降，因为这不会削弱以色列的自卫能力，而该协议给埃及带来的好处并没怎么减少。在重新确定谈判的主题后，双方决定以正常化的外交关系确定西奈半岛（非军事化）领土的主权归属，这比双方谋求维持敌对状态的B计划更可取。

谈判中做减法的价值也很容易在更常见的商业交易中得到证明。想象一下，如果阿佛洛蒂忒喜欢吃橘子，所以她愿意花2美元买比彻的橘子。比彻并不特别喜欢吃橘子，但他打算做一顿需要用到橘子皮的饭，因此他不愿意卖，因为他的保留价格是3美元。如果把橘子再想象成橘子瓤和橘子皮的结合，那么橘子皮就可以从谈判的主题中减去。阿佛洛蒂忒几乎不用橘子皮，因此她的保留价格会略微下降到1.5美元。由于比彻可以保留他认为有价值的橘子皮，那么剩余部分的保留价值就会大大下降至1美元。现在，减法可以将注定以僵局结束的谈判变成达成协议的机会，还会产生 0.5 美元的合作盈余。

将橘子皮从橘子剥离

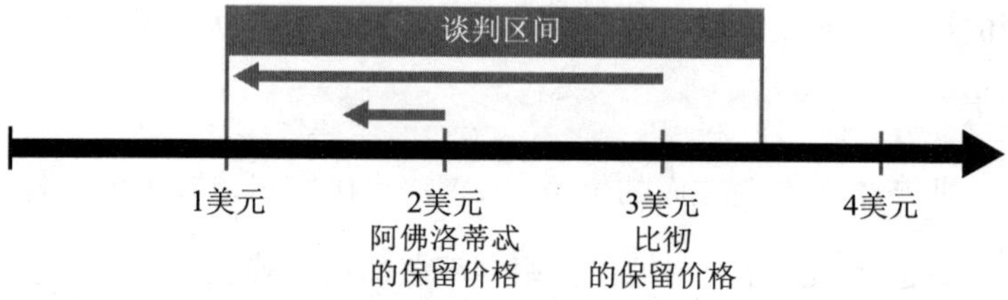

25
滚木材

在美国早期的边境拓荒地区，邻居们认识到相互帮忙把木材运输到河边，或搬到家里生火、建房子的价值。最终结果都一样，尽管每个人都独自劳动，但是需要付出的劳动总量却少了。换句话说，这种特殊的社会组织形式使社区整体努力产生的合作盈余最大化了，每个人都变得更好了，共同分享合作盈余。

由拓荒者成为美国国会议员的戴维·克罗克特是第一个借用“滚木材”一词来描述议员们通过交换选票来相互帮助的人。[1] 通过承诺对一个不太关心的问题进行投票，以换取同僚对一个自己更关心的问题进行投票，比起在两个问题上各自投票，两位议员可以获得更大的总效用。今天这种做法在政治中依然很常见，不管是议员们在不同的立法中交换投票，还是在同一项立法中交换不同的侧重点。

通过这种方式，希望削减社会福利的罗纳德·里根总统和希望扩大社保范围的民主党众议院议长蒂普·奥尼尔在1983年就改善社保信托基金财务稳定性的立法达成一致。里根获得了奥尼尔的支持，以降低国民每年生活成本的增长，作为回报，里根同意要求政府雇员加入社保体系，并对高收入者的收益征税。在民主党控制的众议院和共和党控制的参议院通过后，里根签署了这项法案，使之成为法律。[2]

三年后，他俩就1986年的税收改革法案达成一致。奥尼尔同意里根的请求，将最高边际税率降到28%，以换取总统接受资本利得税和劳动所得税的平衡，这样投资阶层就不会承担比工人阶层更低的税率。[3]

你不用去国会山就能看到这种彼此成全的情况，这是在广泛谈判情况下交易设计的基本原则。当一个谈判包含多个问题时，总会出现彼此成全的机会，而所有复杂的谈判都是这样。谈判双方通常有不同的偏好、可用资源、人才或风险偏好，这些表明人们有机会通过在各种问题上让步以增加协议的合作盈余。

1977年，电影导演兼制片人乔治·卢卡斯开始思考演员阵容，当时他称那部电影是他的“太空歌剧”，就是我们后来看到的《星球大战》。他可用的预算满足不了他的雄心壮志，这迫使他用一些不太知名的演员来出演关键角色。当然，其中一些人后来非常出名。然而，为了欧比旺·克诺比这个角色，卢卡斯没有妥协：他想让奥斯卡金像奖获得者亚利克·吉尼斯爵士出演这个角色。当然，吉尼斯想要一笔可观的片酬，但是他的财务状况允许他为一个新的电影概念和一个不知名的导演承担风险。因此，吉尼斯同意收取低于正常水平的片酬，而卢卡斯提出以总票房的2%作为回报，这就创造了一个可以谈判的空间，使达成协议成为可能。事实证明，这让吉尼斯获得了数千万美元的长期收益。[4]

很明显，“滚木材”式的相互帮助是一种有价值的谈判策略，几乎在所有类型的谈判中都很常见，但一些心理障碍可能阻碍人们运用这种策略，使达成的协议对谈判双方都不太有利。一方提出的让步对自己来说应不如对对方重要。反应性贬值的心理倾向认为如果对方能得到某些好处，希望对方得到的好处越少越好，这使谈判者比在抽象分析让步时更不愿意让步。因为谈判者很可能以常用交易结构作为他们评估交易设计的参考，损失厌恶会牺牲潜在利益。

另一个心理障碍被马克斯·巴泽曼和玛格丽特·尼尔称为“固定蛋糕偏见”，[5] 它使人们想当然地认为，对方会以与他们相同的方式在同等高度看待问题。在我的课堂和研讨会中进行的谈判模拟中，一人扮演电影公司高管，另一人扮演电影合同谈判中的明星演员经纪人。他们需要解决的诸多问题之一是电影公司或者演员是否有权选择电影导演。谈判人员可以将控制权让给任意一方或同意“共同控制”（在这种情况下，双方都有否决权，必须在导演人选上取得一致）。在模拟中，演员对导演非常挑剔，而且演员非常希望拥有唯一控制权。电影公司也希望拥有控制权，但这种偏好不大。也就是说，与共同控制或演员控制相比，电影公司只略微倾向于单独控制，因为电影公司对演员的判断有信心。

很多时候，经纪人错误地认为，既然演员对选择导演有强烈的偏好，那么电影公司必定也有强烈的偏好。当发生这种情况时，双方往往会同意妥协，实行共同控制。如果将导演控制权交给演员，这笔交易可以创造更多的合作盈余，每一方都可以享受更多的效用，因为演员更关心此事。电影公司在导演选择上让步了，当它在其他方面有更强烈的偏好时就可以要求演员做出让步。

在某些情况下，“固定蛋糕偏见”可能会掩盖交易设计的机会，这些机会实际上对双方都有利（而不是那些对一方有利而对另一方不利的机会）。再看看那个喜欢餐厅里的老式水晶吊灯的卖家的例子。因为卖家喜欢古董，可能会觉得买家也喜欢，因此卖家也许从来不会提出在售房协议中将它减去，而更喜欢现代装饰的买家只得等签订销售合同之后再花钱把它扔到当地的垃圾填埋场。在这个例子中，减去吊灯会降低卖家的保留价格（因为卖家本可以在新住所使用这盏灯），而提高买家的保留价格（因为买家不必支付处理吊灯的费用）。即使不调整售价，也可以增加合作盈余总额，使双方受益。如果不能利用这类机会，就是名副其实的“双输”谈判。[6]

消除“固定蛋糕偏见”的最好办法是不要想当然，认为你的对手也会像你一样重视交易要素。相互帮助的机会比比皆是，全能型谈判者会提出所有潜在交易，其中一些交易就可能增加合作盈余。

26
解决“柠檬”问题

乔治·阿克洛夫获得诺贝尔经济学奖主要是因为他在1970年发表的关于“柠檬市场”的文章，这篇文章成为历史上被引用最多的经济学文章之一。虽然没有涉及谈判的具体过程，但这篇文章对交易设计的重要用途提出了实质性见解。

阿克洛夫主要以二手车销售为例，从理论上阐述了买卖双方拥有信息的差异对二手车市场的影响。对于一辆二手车的质量，买家很容易可以观察到品牌和型号，以及车身是否有划痕和凹痕。对于汽车其他方面的质量问题，卖家知道，但是买家不知道，比如卖家是否经常急刹车，汽车是否在寒冷的早晨难以发动，之前的事故是否造成了不可见的损坏等。由于这些看不见的情况，你可以把每一辆二手车按其可观测到的品质好坏从高到低排序，阿克洛夫将优质车称为“桃子”，将质量差的车称为“柠檬”。

由于买家无法分辨一辆二手车是“桃子”还是“柠檬”，你可能认为卖家会按一般质量的汽车价值设定保留价格。然而事实并非如此，根据阿克洛夫的逻辑，拥有“桃子”的卖家不会愿意以低于“桃子”应有的价格出售“桃子”。因此，如果买家只愿意支付一般质量汽车的价格，那么只有那些拥有平均质量或低于平均质量的车主才会出售。由于买家意识到他们所购买的汽车往好了说是一般质量的，往坏了说是“柠檬”，所以只愿意按质量低于平均水平的汽车的价格购车。了解了这一点，人们就知道只有质量远远低于平均水平的汽车才会进入二手车市场，依次类推。

阿克洛夫认为，卖家比买家更了解自己的汽车，最终的结果将是一个“柠檬”市场——只有拥有“柠檬”的卖家才会出售自己的汽车。考虑这一点，买家也将只愿意支付适合“柠檬”的低价。在极端情况下，一些看不见的问题可能会让二手汽车变得几乎毫无价值，根本没有市场。[1]

至少有一本受人尊敬的经济学期刊拒绝了阿克洛夫关于“柠檬”问题的文章，说它明显是错误的。编辑们认为，二手车的市场很大，卖的也不全是质量差的车。[2]但市场的实际情况并没有削弱阿克洛夫的观点，相反，它表明谈判者有必要采取措施，减少问题的发生。

“柠檬”问题，也被称作逆向选择问题，人们通常会在保险市场背景下讨论该问题。在保险市场，买方拥有卖方不知道的私人信息。例如，如果人寿保险的购买者知道他们是否可能英年早逝，但保险公司不知道不同买家的相对风险，因此预期寿命比平均寿命短的人就更可能购买经精算后适合普通人的保险，导致保险公司亏损。保险公司可以在出售人寿保险之前先调查投保人的健康状况，通常要求潜在的投保人提供他们的医疗记录并进行体检，从而大大减少（如果不能完全避免）亏损。保险公司可以向“桃子”（死亡率最低的人）收取低额保险费，向“柠檬”（死亡率最高的人）收取高额保险费。

类似地，二手车买家可以雇用独立的检测师，在购车前检查车辆状况以应对他们面临的逆向选择问题。检测汽车质量后，买家可以确定他们的保留价格是高还是低。即使是宣称具有快速购房能力的房屋收购公司 Opendoor，也不会不查验你的房子就收房。如果不查验就收房，吸引的几乎都是那些屋顶漏水、壁炉坏了或地基坏了的卖家。

大多数美国人认为，身体有问题的人不应该比健康人支付更多的医疗保险费用，这就是为什么《平价医疗法案》——也叫奥巴马医改——禁止保险公司向“有病史”的人收取更多的保险费用。向“柠檬”和“桃子”收取同样的费用的问题在于，许多“桃子”在当年度使用医保的可能性更小，他们可能拒绝按照每个人的平均医疗费用购买保险。《平价医疗法案》则要求每个人——不管是健康的，还是不健康——购买保险（否则罚款）。如果“柠檬”和“桃子”都购买保险，保险公司理论上可以按平均价格向每个人出售保险。

正因为如此，《平价医疗法案》被称为“个人强制医保”，这也是该法案最具争议的地方。[3]该法案在美国最高法院以5票赞成、4票反对勉强通过了合宪性质疑。[4]2016年，共和党人控制了参众两院，他们基本上废除了该法案，不再处罚不购买保险的人。个人强制医保争议的根源在于美国的自由意志主义倾向，反对政府要求公民以某种方式行事，而不是因为该法案解决不了逆向选择的问题。

如果谈判者在达成协议之前无法充分调查购买对象的情况，又不能要求“柠檬”和“桃子”都参与交易，就可以使用交易设计工具来使逆向选择问题最小化。一种常见的方法是卖方在交易中增加保证条款，保证出售的产品或服务具备一定的质量水平。为了保护买家，二手车经销商为可能发生的任何机械问题提供90天的保修，防止购买后出现发动机缸体破裂等问题。网购公司通常会在它们的产品上加上退款保证，买家如对产品不满意可以申请退货退款。如果买家对新耳机的效果不满意，可以将其退回亚马逊，获得退款。在《平价医疗法案》通过之前，医疗保险公司通常要求新客户等待一段时间，以获取之前其所有确诊的疾病信息，为有效控制成本提供保证。

另一种方法是，拥有更多信息的一方就商品或服务的质量做出具有法律约束力的声明，即谈判者保证交易真实性的事实声明。二手车经销商可能会为交易提供担保，而私人在出售二手车时则更可能声明车辆没有进行过重大维修，也没有发生过事故。这种声明提供了一些针对逆向选择的保证，但是不如担保有效，如果声明准确无误，车辆第二天抛锚，卖方也不需要向买方承担责任。

经律师协商的复杂合同通常包含“声明和担保”一节，其中一方或双方陈述他们知道，但对方不知道的事实，并为对方可能遭受未来损害的风险承担责任。例如，在公司合并中，目标公司可能向收购公司声明并保证其拥有使用生产产品或服务所需知识产权的合法许可。

合法可行的声明和保证是交易设计的有效策略，它对接受者的好处大于提供者付出的成本，从而可以扩大谈判区间，增加合作盈余。在某些情况下，卖家高质量的声誉或与买家之前有过交易足以让买家相信卖家不是在卖“柠檬”。否则，理性的买家将考虑交易风险，设定一个较低的保留价格。一份具有法律约束力的声明，说明一辆二手车没有任何机械问题，或一份涵盖近期修理费用的保证，可以保护买家免遭风险，并促使其大幅提高保留价格。只要卖家不是真的在卖“柠檬”，其声明或保证的预期成本就应该适度，这样可以小幅提高其保留价格。

增加保证以防止逆向选择

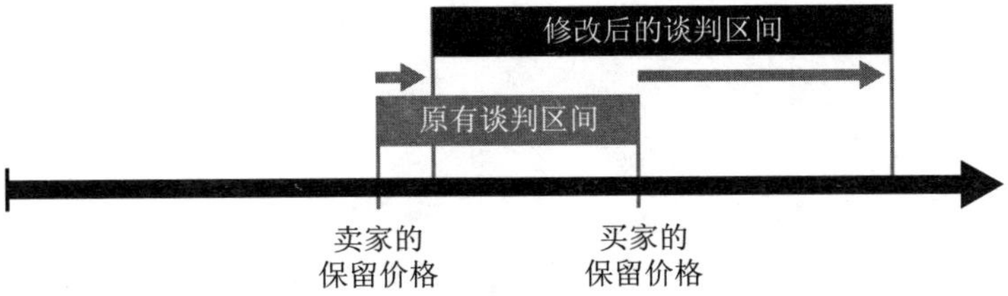

27
防止逃避责任

我很喜欢一幅漫画：一个男人手里拿着一封信，向他的妻子报告说，他的保险公司刚刚提出，如果他同意不再吃他妻子做的饭菜，就可以降低他的保险年费。这则幽默（如果你觉得好笑）的笑点在于妻子做的饭菜可能非常糟糕，实际上会威胁她丈夫的生命，因此可能会给保险公司带来高昂的赔偿费用。虽然说配偶做的饭菜很危险，甚至导致保险公司出面干预有点牵强，但这幅漫画却说明了“道德风险”的问题——当有人承担造成伤害的代价时，人们谨慎或努力的动机就会减少——这是使用交易设计工具达成协议的另一个障碍。

我们仍然以保险销售为例：保险公司担心，一旦它签订风险承担协议，保单的购买者将不再像之前那样谨慎行事。如果我买了盗窃险，那么即使我的财物被偷，我也不会遭受经济损失，我也许更可能不锁门或在星巴克去洗手间的时候把笔记本电脑放在桌子上。但可以肯定的是，我的一些行为的后果保险公司是不负责的，这抑制了道德风险问题。如果发生事故，我的汽车保险公司会为我换车，为我支付医疗费用，但我不大可能因为这样就像疯子一样开车，因为如果我死了，保险公司赔的钱对我就没什么意义了。然而，我更有可能把车停在一辆已经剐坏的车旁边的狭小停车位。

如果有人为我的粗心大意承担责任，我就不会像我应该做的那样小心行事降低风险。保险协议通常包括免赔额，这实际上要求我至少承担部分责任，或者除外条款（比如酒后驾车引起的事故），这就要求我对特别危险或特别可能引发道德风险的行为承担全部责任。

在任何情况下，只要协议改变了任何一方未来执行协议的动机，就会出现道德风险问题。虽然很难完全避免道德风险问题，但是谈判者可以利用交易设计使道德风险最小化。一个常见的办法就是，在设计交易时规定协议内容完成之后再确定交易价值，而不是在达成协议时就确定交易价值，或者规定协议的一方根据其努力的效益获得补偿。当客户雇用摄影师为自己拍照时，可以坚持按对照片的满意度来签订付款合同。摄影师则可以提出低固定价格的佣金，如果客户看到照片，挑选了自己满意的照片，再按张收费。两种方法都能确保摄影师即使在被雇用后，也有倾尽全力工作的动力。电影发行商和影院通常会从电影放映中分享利润，而不是一方支付另一方固定费用或一方占有全部利润，因为电影要取得好票房，双方的努力都是不可或缺的，因此这种协议给了双方付出最大努力的动力。[1]

另一种交易设计技巧是，如果一方逃避责任，另一方可以终止合同关系。企业收购几乎都会包含 MAC 条款，即重大不利变化条款。该条款规定，如果在交易达成后，在收购方取得经营控制权之前，被收购方的财务状况大幅恶化，收购方可以终止交易。[2] 这种交易设计机制鼓励出售方对公司日常管理保持警惕，就像他们希望在未来保持对公司的控制一样。

谈判者通常将这些条款添加到合同中，因为这些条款对服务接收方（买方）比对卖方更有价值——至少假设卖方无意逃避——因此增加了交易的总合作盈余。

值得注意的是，为了减少道德风险而添加到交易中的 MAC 条款通常也是必不可少的，因为它利用了乐观偏见。回想一下，人们往往对自己在一定水平上的表现，或在一般活动中取得理想结果的能力过于乐观。与道德风险一样，为消除乐观偏见，也要订立协议，这样补偿就会取决于服务质量。如果负责交付产品或提供服务的一方对其提供最高质量产品或服务的能力持乐观态度，他通常将很高兴接受基于结果的补偿协议。

我们再来看 NBC 和派拉蒙就延长电视节目《欢乐一家亲》播出时间的谈判。没有电视节目会长盛不衰，在经历了八季的成功播出之后，《欢乐一家亲》可能正在接近尾声，这意味着谈判续签协议可能是最后一次。NBC 可能有理由担心，在签订新协议后，节目的主创和制片方派拉蒙会比之前投入少，使这一节目的娱乐性下降。这就是道德风险问题。与此同时，如果派拉蒙不想逃避，它很可能预测这部剧未来的收视率将高于 NBC 的预测。这是乐观偏见的结果。这两个因素表明，NBC 支付给派拉蒙的费用部分取决于该剧未来的收视率。NBC 和派拉蒙达成的协议正包含了这一点。[3]

你不必成为娱乐业的高管，也能从像 NBC 和派拉蒙一样通过交易设计工具受益。假设你考虑给你的孩子每周增加 10 美元零用钱，让他做一些家务。你也可以提议，如果孩子的家务完成得很出色，就给 15 美元，否则就只给 5 美元。我保证孩子会得到更多的钱，你也会得到更好的结果。

工具三的关键点

- 交易设计改变协议结构，相对于特定交易类型的惯例，交易设计改变了谈判双方的保留点，增加了合作盈余的总量。
- 当附加条款对受益方的价值大于提供方时，在常规协议结构中增加事项就会增加合作盈余。
- 当交易中的常规或预期交易元素对提供方的价值大于接收方的利益时，减少事项也会增加合作盈余。
- 在涉及多个问题的复杂谈判中，相互合作会使谈判者在他们认为不重要的问题上做出让步，以换取对方在他们认为重要的问题上做出让步，从而增加总的合作盈余，使双方受益。
- 交易设计原则可以用来减少逆向选择（信息问题）和道德冒险（激励问题）的风险，否则这些风险通常会限制谈判协议的价值。

工具四：谈判权

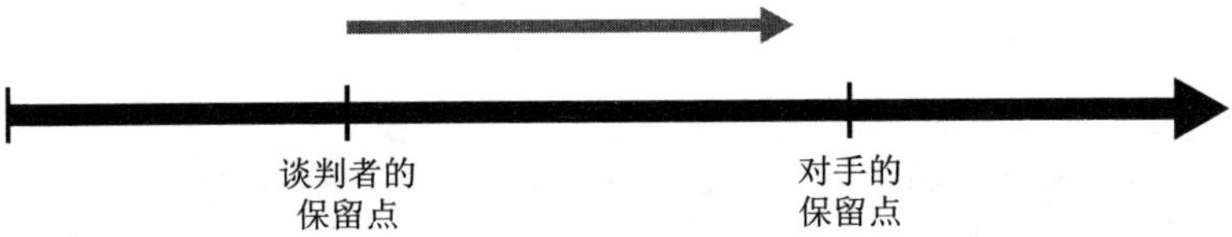

28
奥运筹备期的艰难谈判

在2012年伦敦夏季奥运会筹备期间，为期两周的奥运会赛事预计会使交通收入增加，该市28000名公交车司机希望从中分享红利。司机工会要求给每位司机发放500英镑的“奥运补贴”，并威胁称，如果直接雇用他们的当地公交车公司和伦敦交通局不满足他们的要求，他们将在奥运会期间罢工。[1]

转眼来到2012年夏天，这个问题依旧没有得到解决。伦敦交通局承诺给公交车公司一些预算来给司机发放补贴，但是发放的金额无法让工会满意，而公交车公司拒绝自费填补公共补贴。6月22日，距离奥运会开幕只剩一个多月，工会组织了一场24小时的罢工，迫使伦敦85%的公交车司机停工，给伦敦每天600

万乘坐公交车的人带来了“出行痛苦”。[2]工会随后计划在7月24日，也就是奥运会开幕式前三天，再次组织为期一天的罢工，然而，在7月中旬，公交车公司同意了司机们的要求，避免了罢工，伦敦的交通网络在14天的奥运会期间得以平稳运行。[3]

在奥运会期间，伦敦的公交车司机、公交车公司和当地的交通部门齐心协力，创造了一定的收入。公交车司机想在他们标准合同的基础上挣更多的钱，获得更多的合作盈余。

谈判权是谈判者用来迫使对方放弃合作盈余的工具，即使对方想将合作盈余占为己有。工会一开始就明确了谈判权的核心点：工会威胁将单方面迫使双方陷入僵局，除非对方满足自己的要求。如果公交车公司不同意公交车司机的要求，在奥运会期间就达不成协议导致公交车停运，各方都享受不到合作盈余，即使从技术上讲，存在较大的谈判区间。公交车司机们宁愿毁掉这只金鹅，也不愿让公交车公司得到大部分金蛋。

当然，任何人都可以放狠话，因此仅仅威胁陷入僵局并不足以形成谈判权。要形成谈判权，威胁必须是可信的，也就是说，必须让对方相信，如果拒绝接受威胁，不按要求做出让步，谈判者将会接受僵局，不会为了达成协议而做出让步。工会决定在奥运会开始前举行一天的罢工，这是个绝妙的主意。在奥运会开始前，公交车司机通过展示他们罢工和牺牲工资的意愿，提高了他们在奥运会期间威胁罢工的可能性。谈判的另一方没人敢自信地认为，奥运期间罢工的威胁只是虚张声势。

工会为其蓝领工人成功赢得权益说明了谈判中关于谈判权的一个重要原则：迫使谈判对手让步的能力不是直接取决于你的一般性社会力量——以财富、智力、美貌、社会地位或政治关系等衡量的事物，而是取决于具体情况，取决于你的 B 计划有多可取，或者更准确地说，取决于你的对手认为你的 B 计划有多可取。

如果你做一项调查，问工会中的人伦敦公交车司机和公交车公司谁更有力量，大部分人会回答公交车公司。但这与在任何特定情况下，哪一方能够最成功地使用谈判权没有关系。如果与伦敦公交车公司和市政官员的谈判陷入僵局，工会就会实施 B 计划——在奥运会期间罢工，即使罢工会给那些虽然算不上贫困，但也没多少存款的司机带来巨大损失。利用谈判权让对方相信工会的 B 计划就是罢工，虽然这不可取，但也不是不可以。

如果你的 B 计划不够好，就很难让对手相信你准备放弃一份潜在的协议。要解决这个问题，首先要做的是尽你所能地制订一个更好的 B 计划。

20 世纪 90 年代，迪士尼被授权使用皮克斯电脑辅助动画系统，但是皮克斯的首席执行官史蒂夫 · 乔布斯想要和迪士尼一起制作一部电影，而不是仅仅给迪士尼提供制作工具。迪士尼电影部门主管杰弗里 · 卡曾伯格对此很感兴趣，但当乔布斯要求获得电影、角色和视频版权的部分所有权时，卡曾伯格立即拒绝了这个提议，并威胁退出这个项目。由于处在破产的边缘，皮克斯没有较好的B计划，因此乔布斯在谈判中没有任何谈判权。他最终同意制作第一部全电脑制作的动画电影《玩具总动员》，皮克斯最终获得12.5%的票房收入，没有得到电影所有权和创意控制权。

乔布斯意识到，如果想获得更多的合作盈余，他需要一个更好的B计划。《玩具总动员》发行的时候，乔布斯反对其副手约翰·拉塞特的建议，推动皮克斯上市，他认为在公司制作第二部电影之后可以更好地启动首次公开募股（IPO）。IPO将为皮克斯提供必要的资金来资助自己的电影，如果需要，这给了乔布斯所需要的杠杆。随后，他与迪士尼的首席执行官迈克尔·艾斯纳达成协议，双方一起合作再制作5部电影，皮克斯提供一半的资金并获得一半的票房收入，产品和广告的次级收益分成，以及同等的品牌推广。[4]

这不仅仅是老练的工会领导者或技术经理人理解的B计划的重要性。几年前，我的一个学生刚刚完成在加州大学洛杉矶分校法学院第一年的学习，她告诉我她计划申请转到我们的竞争对手加州大学伯克利分校法学院。她让我写一封推荐信，以帮助她被录取。当然，加州大学伯克利分校是一所优秀的学校，但加州大学洛杉矶分校也同样优秀，于是我问她为什么要申请转学。我曾经也有一个学生申请转到伯克利。最常见的是家庭原因，他们在洛杉矶分校500英里以北的旧金山湾区上学更加方便。有时，是因为伯克利在美国大学排名中要稍靠前一些，所以学生认为转学将改善他们的职业前景。

但是这个学生申请的原因不同：她在准备谈判，试图改进她的B计划，从而创造机会来获得更多的谈判权。作为一个优等生，她已经获得我校部分奖学金，这减轻了她读加州大学洛杉矶分校法学院的费用，但是她想和学校财政援助主任协商，以获得更多的奖学金。她明白，转学到伯克利分校将提高她在谈判中行使谈判权工具的能力。如果加州大学洛杉矶分校不能给她所需要的，她就会立即威胁转学。

司机工会、史蒂夫·乔布斯和我的学生都明白，如果谈判者有更好的B计划，就能够成功地要求更理想的条件，更好的B计划意味着更高的保留点。谈判行为实验研究也证实了这一点。[5] 确定或制订更好的B计划是运用谈判权工具最有效的策略。在谈判之前，全能型谈判者总是尽可能地制订最好的B计划。

改进B计划的好处

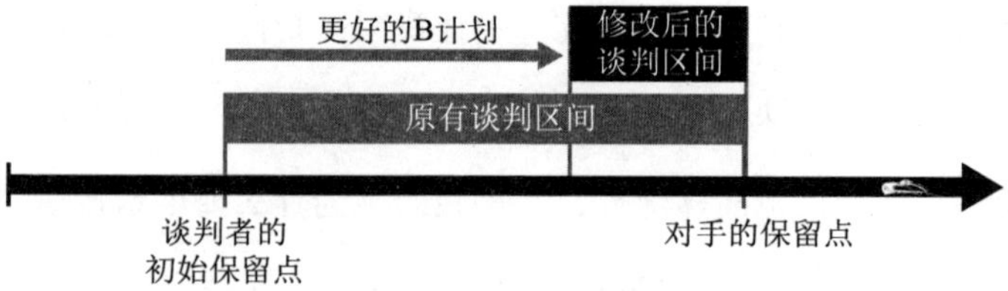

29
美丽心灵

除了制订更好的 B 计划，懂点经济学博弈理论可以帮助我们更好地掌握有效运用谈判工具的时机。

我们假设工会司机在伦敦开公交车，时薪 25 英镑。如果工会无法和公交车公司达成协议，司机们的 B 计划是罢工两星期。当然，罢工不是理想的选择，尤其对基本依赖薪水生活的人来说。我们假设公交车司机的保留价格也是时薪 25 英镑。只要低于这个数字，他们就宁愿坐在家里，通过电视观看奥运会。如果高于这个数字，他们就会选择在奥运会期间工作。

公交车公司和伦敦当地官员的 B 计划也很糟糕。由于没有时间为奥运会招聘和培训一批公交车司机，如果发生罢工，公交车公司就必须设法维持部分公交车的运营——可能会安排一些非工会公交车司机——与此同时，只能眼巴巴地看着成千上万的游客和持票的观众艰难地前往奥运场馆观看比赛。如果游客和运动员的出行极为不便，伦敦奥运会可能会在国际上蒙羞。我们假设公交车公司想要避免这些后果，给公交车司机设定了时薪 45 英镑的保留价格。因此，谈判区间就在 25~45 英镑。

在最终的谈判中，我们预计工会和公交车公司会达成什么样的协议呢？答案并不明显。相比僵局，任何在谈判区间内达成的协议都会带来 20 英镑的合作盈余，但这并不能够帮助我们做出精确预测。工会希望时薪接近 45 英镑，但时薪 25 英镑也比僵局好。公交车公司希望时薪为 25 英镑，但是愿意支付时薪 45 英镑，而不愿接受僵局。

如何分配合作盈余这个难题令诺贝尔奖得主、博弈理论家约翰·纳什着迷，奥斯卡获奖电影《美丽心灵》就是以他为原型的，讲述了一个才华横溢的数学家与偏执型精神分裂症的斗争。[1] 20 世纪 40 年代，他还在普林斯顿大学读研究生时，就设计了“纳什讨价还价解决方案”。[2]

纳什首先对谈判双方将如何进行谈判做了一系列关键性假设。第一，纳什假设双方都知道对方的保留点。因此，在上面的例子中，假设工会知道公交车公司的保留点是时薪 45 英镑，公交车公司知道工会的保留点是时薪 25 英镑。

第二，纳什假设双方具有相同的效用函数。这意味着公交车公司和工会对时薪 25~45 英镑的每一笔钱的主观价值是相同的，而且双方同样厌恶风险（或不厌恶）。

第三，双方都提出了单一需求，且要求将他们希望的合作盈余数额分配给他们。如果双方的要求少于或等于总合作盈余，就能达成协议。如果双方要求的数额相加超过总合作盈余，就达不成协议。重要的是，根据纳什假定的规则，任何一方在看到对方的需求后不能改变自己需求的数额。例如，如果工会和公交车公司都要求 20 英镑的合作盈余——也就是工会要求时薪 45 英镑，公交车公司提供时薪 25 英镑——就会陷入僵局，公交车司机就会罢工。[3]

在这些假设的基础上，纳什随后得出结论，谈判双方的行为都很理性，都要求得到合作盈余的一半。[4] 在我们的例子中，根据纳什的理论，工会将提出 35 英镑的时薪，而公交车司机也会要求 35 英镑的时薪，最终双方达成协议，避免罢工，每一方都获得 10 英镑的合作盈余。

纳什的逻辑如下。

你可以代表谈判中的任何一方，假设让你担任公交车公司的谈判代表。乍一看，你知道工会要求的时薪在 25~45 英镑——任何超出此区间的要求都是不可能实现的，所以没有一个理性的谈判者会做出那样的要求——但是你不知道工会具体会要求 20

英镑合作盈余中的多少。工会可能比较谨慎，要求相对较低的时薪，也可能比较激进，要求相对较高的时薪。鉴于这种不确定性，你不会报出一个极低的数字，比如26英镑，因为工会要求的很可能比这个数字高，结果就会导致罢工，这样就达不成协议，没有合作盈余。另外，你也不会报出太高的时薪，比如44英镑。尽管这种慷慨的报价肯定会达成协议，避免罢工，至少会为你提供一些合作盈余，但盈余太小了。

提出35英镑的时薪——也就是合作盈余的一半——既避免了罢工且根本没有合作盈余的风险，也确保为达成协议而向工会让出了必要的合作盈余。因此，考虑工会要求的不确定性，提出35英镑的时薪是合理的。

如果工会的谈判者能够预测你的推理（在博弈论的框架中，这是可以做到的，因为谈判者知道你只会做出最理性的决定），那么工会要做的就很简单了。由于知道你会提出35英镑的时薪，那么工会谈判代表的最佳报价也是时薪35英镑。如果高于35英镑，就达不成协议，导致罢工，成千上万愤怒的体育迷会为了呼叫数量有限的伦敦出租车而打架。但如果低于35英镑，那谈判者所让步的合作盈余将多于必要的让步金额。

根据纳什的逻辑，我们假设双方有相同的偏好，如果我们将你放在工会谈判者的位置上，就会预测出相同的结果。作为工会的谈判者，时薪35英镑是最佳平衡点，要求太高，有导致僵局的风险；要求太低，就会留给对方过多的合作盈余。由于预料到工会谈判者会提出时薪 35 英镑的报价，公交车公司的谈判者就会提出 35 英镑的报价。

在纳什看来，如果有谈判区间，谈判者就不应该陷入僵局。他们之所以希望平等分享合作盈余，不是因为这样做公平（更多介绍见工具五），而是因为这是唯一理性的做法。

现实世界中，有谈判经验的人都知道，合作盈余不总是会被平分的，即使有谈判区间，谈判失败也时有发生，结果陷入僵局。问题不在于纳什的逻辑，而在于他的假设往往不现实。纳什的谈判模式假设每个谈判者都知道对方的 B 计划和保留点，然而这种信息往往是未知的，也难以估计。它假定谈判者同时向对方提出报价，而且可以是多轮报价。也就是说，谈判者提出报价，对方还价，谈判者再报价……它假定双方有相同的时间限制和风险容忍度，但这种情况少之又少。当这三种假设在现实世界中不成立时，全能型谈判者就应使用谈判权工具来获取最大的合作盈余，后文将对此进一步解释。

30
虚张声势

1912 年，西奥多·罗斯福以第三党候选人的身份与时任共和党总统威廉·霍华德·塔夫脱、民主党领袖伍德罗·威尔逊展开角逐，试图重新夺回美国的最高权力。罗斯福的竞选团队设计了一本宣传册，里面有一篇名为“信仰的忏悔”的演讲稿，宣传册的封面是罗斯福的照片，该照片是芝加哥摄影师莫菲特拍摄的。在印刷了 300 万份后，竞选团队才意识到，他们忽略了最关键的一步——从摄影师那里获取照片的使用权。

除非得到莫菲特的允许，否则罗斯福的竞选团队必须将这 300 万份宣传册作废并重新制作宣传册，或者承担巨大的法律风险。哪一个选择都将付出高昂的代价。最后，为了确保莫菲特允许使用印好的照片，竞选团队提出了很高的谈判保留价格。

罗斯福的竞选经理乔治·帕金斯写信给莫菲特，说竞选团队计划印发数百万份封面有罗斯福照片的宣传册，并指出宣传册将为封面照片的摄影师提供极好的宣传。然后，帕金斯问莫菲特如果他拍摄的照片被选中，他愿意为此付多少钱。莫菲特回复说，他以前从来没有遇到这种情况，但是他可以向竞选团队支付 250 美元。帕金斯立刻接受了这一报价。[1]

莫菲特不知道该如何设定保留价格。帕金斯有效地使用了说服工具，向莫菲特解释协议会为他提供什么价值。接下来更有趣的是，帕金斯如何操纵莫菲特对竞选团队保留价格的估计，暗示除非莫菲特付钱，否则竞选团队将不会用他拍摄的照片，这种战术通常被称为虚张声势。如果莫菲特知道竞选团队的 B 计划有多糟糕，设定的保留价格多么高，他可能会这么想："帕金斯说的固然很好，照片对我有很好的宣传价值。但照片使用许可对帕金斯也很有价值，所以他应该向我支付版权费用，而且是一大笔钱。我为什么要付钱给他，让他获得更多的总合作盈余呢？我希望竞选团队付钱给我，这样我就能够获得更多的总合作盈余。"

帕金斯的天才之处在于问莫菲特愿意付多少钱，这暗示竞选团队有一个非常理想的 B 计划——将这个机会卖给其他摄影师——因此，在与莫菲特的谈判中，设定的保留价格很低。事实上，帕金斯的问题暗示了竞选团队的保留价格是负的，他们不仅不愿意为使用照片支付任何费用，而且像寻求使用版权材料的出版商一样，只有莫菲特愿意付钱，他们才会与莫菲特签订照片使用协议。莫菲特信以为真，就向竞选团队付了钱。

罗斯福竞选照片

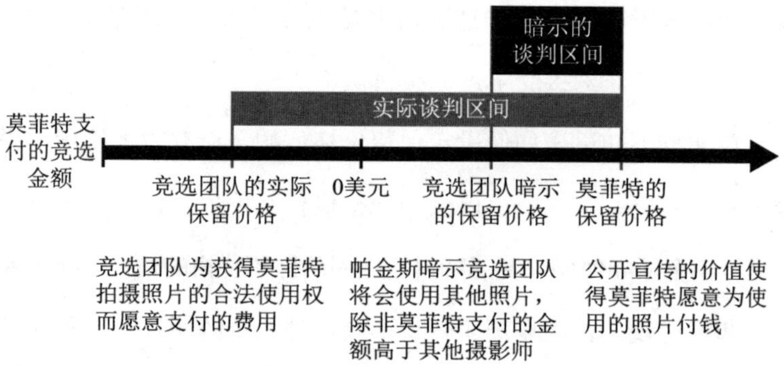

假设莫菲特支付的250美元低于他的保留价格——没理由怀疑不是这样——协议就在谈判区间范围内。因此，我们没有理由为莫菲特感到难过，毕竟，他从这个交易中获得了很多正面宣传价值。事实上，帕金斯岌岌可危的处境本可以让他接受一个比他所要求的更低的保留价格，假设他能够在几个摄影师之间举行一场拍卖，看谁有机会让他们的照片出现在数百万份竞选宣传册的封面上。从这个角度来看，竞选宣传册的印刷失误可能为莫菲特省了钱。但由于莫菲特缺乏对谈判区间的精准估计，帕金斯利用巧妙的手段明显获得了远多于他可能获得的合作盈余。

回想一下，在伦敦公交车司机罢工的例子中，我们假设工会的保留价格是时薪 25 美元，公交车公司的保留价格是时薪 45 美元，我们注意到纳什的谈判理论预测的协议时薪价格是 35 美元。但是如果公交车公司认为，工会的保留价格实际是时薪 35 美元或 40 美元甚至 45 美元，又会怎样呢？随着公交车公司对工会保留价格估值的上涨，公交车司机的时薪也会随之上涨，正如公交车公司所想的那样，如果他们不做出进一步的让步，谈判很可能会陷入僵局。

成功使用谈判权取决于对信念的一系列复杂看法：具体来说，谈判者明白，如果对手相信他在焦点谈判中有强有力的 B 计划，他就能够行使谈判权。如果谈判者的 B 计划比看起来还弱，或者认为自己的 B 计划很弱，因此竭力避免采取 B 计划，而对手没有意识到这一点，他仍然拥有谈判权。洞察力，而不是现实，是谈判权的基础。这使得虚张声势成为获取合作盈余的一种有效方法。

谈判者会声称己方有更好的 B 计划，通过虚张声势来行使谈判权。或者，他们可以声称自己更喜欢 B 计划，或者对焦点谈判中达成协议的前景不乐观。这两种虚张声势的方法都需要欺骗才能取得成功。第一种方法涉及对客观事实的欺骗，第二种方法涉及对谈判者主观偏好的欺骗。

假设我的法学院学生希望通过谈判获得更多奖学金，就对加州大学洛杉矶分校的财政援助主任撒谎，说她已经收到加州大学伯克利分校的录取通知（即使她已经被伯克利拒绝，甚至没有申请）。这就是客观事实欺骗的例子，这显然是不道德的，但是从严格的战术角度来看，假设谎言没有被揭穿，它就与已经被伯克利录取有同样的效用。

除了引起道德上的担忧，谈判者如果谎称有一个比实际情况更好的B计划，则可能被对手识破。这样的话，利用这种策略不仅无法在焦点谈判中获得合作盈余，而且十之八九会破坏谈判双方的信任关系，造成更大的信誉损害。如果我的学生谎称已经被加州大学伯克利分校录取，而我们学校的财政援助主任要求看录取通知书，到那时一切都完了。在很多情况下，对于谈判者的B计划，对方是熟知的，所以不要试图误导对方。在谈判中，莫菲特不知道罗斯福竞选团队的B计划是什么，但是伦敦公交车公司知道工会的B计划是罢工——工会几乎不可能说自己有更好的B计划。

由于谈判者谎称自己有个B计划涉及实际问题和道德问题，因此更典型的虚张声势的战术是对自己的B计划表现出极大的热情，或淡化对焦点交易的兴趣。如果对方实际上没有注意到自己的保留点，如果对方不按要求做出让步，就威胁结束谈判，使谈判陷入僵局，这不是虚张声势。因此，对于另一个潜在买家会按标签价格买房，房地产经纪人在售房时会表现出比实际感受更乐观的态度，庭外和解的律师会声称他们对案件胜诉有更大的信心。如果孩子们不按要求打扫房间或做家庭作业，父母在威胁取消即将到来的游乐园之行时会显得无所谓。

为了让虚张声势取得成功，你通常必须让对方相信，如果不按要求做出让步，你就会实施B计划。如果你实施B计划的后果足以让对方付出巨大代价，那么即使对方认为你可能不会实施B计划，但只要他不了解你的真实意图，虚张声势就可能成功。让我们来看看下面这个极端的例子。

第二次世界大战结束后，柏林被一分为二，西部并入德意志联邦共和国（西德）。苏联认为西柏林的地理位置如此接近德意志民主共和国（东德）是严重的威胁。1958年12月，正值冷战高峰期，苏联领导人赫鲁晓夫向美国及其北约盟友发出了最后通牒：放弃西柏林，否则东德军队将在苏联的支持下武力夺取西柏林。[2]西方盟国不可能用它们的常规军事力量击退对西柏林的入侵，因为苏联阵营的军事力量远超欧洲各国。因此，对进攻西柏林的威慑依赖美国将以战术核武器回应苏联入侵西柏林。

北约在柏林的存在惹恼了赫鲁晓夫。事实上，他喜欢用“癌症”和“如鲠在喉”来称北约在西柏林的存在。[3]但是只有疯子（大多数美国情报专家认为赫鲁晓夫不是疯子）才会因西柏林问题发动核战争——这将危及苏联。美国总统艾森豪威尔面对的问题是，如何发出可信的核战争威胁，以保护西柏林这片

185平方英里的土地，这片土地不具备战略意义，但具备心理意义。

当赫鲁晓夫的最后通牒到期时，双方没有达成协议，北约也没有让步，全世界都屏住了呼吸，柏林很安静，蔓延着紧张又平静的气氛。东德和苏联没有利用常规军事力量的优势入侵西柏林，毫无疑问，它们可以这样做。最终，赫鲁晓夫在合作盈余上做出让步。

苏联领导人相信艾森豪威尔会使用核武器来反击苏联的进攻吗？在《艾克的虚张声势：艾森豪威尔总统拯救世界的秘密战斗》（*Ike's Bluff: President Eisenhower's Secret Battle to Save the World*）一书中，作者伊凡·托马斯详尽研究了艾森豪威尔的外交政策，并且得出结论：艾森豪威尔可能从未打算使用核武器。艾森豪威尔的兄弟以及他最亲密的助手这样认为，尽管他从未向任何人明确表达他的真实意图。[4]虽然历史没有明确记录，但是赫鲁晓夫也没有愚蠢到认为艾森豪威尔会使用核武器。幸运的是，事实上也没有使用核武器的必要。赫鲁晓夫对艾森豪威尔的威胁屈服了，因为他不能完全确定艾森豪威尔是否会让西德沦陷。考虑核武器带来的潜在灾难性代价，如果他确认艾森豪威尔没有在虚张声势，哪怕是有一点点使用核武器的可能，赫鲁晓夫做出让步就是明智的。

…

虚张声势还有一个微妙之处值得注意：如果谈判者一开始就提出强势的初始报价或要求，就如同虚张声势，意味着除非对手同意或接近你的条件，否则你不会达成协议。

在工具二中，我描述了强势率先报价可以建立锚定值，从而影响对手确定其保留点。但即使你的强势报价没有影响对手对交易可取性的看法，也可能影响对手对保留点的估计，让对手相信需要放弃更多的合作盈余才能够达成协议。

在我和学生进行的模拟实验中，一个买家和一个卖家试图就一件音乐纪念品进行谈判，该纪念品是封面由披头士乐队成员约翰·列侬亲笔签名的全新披头士《白色专辑》（White Album）唱片。卖家需要钱，买家心仪这件纪念品，双方的B计划都很糟糕，于是出现了非常大的谈判区间。

根据模拟实验要求，双方不能调整保留价格（对方不知道）。这一点很重要，因为这意味着任何一方试图使用说服工具都是无效的。任何一方都不能通过说服对方，该交易比对方最初认为的更可取来扩大谈判区间。买卖双方只允许就价格问题进行谈判，这意味着他们可能不会使用交易设计工具来试图增加合作盈余。因此，谈判区间是固定的，谈判双方能做的就是争夺固定数量的合作盈余。

谈判结果差别很大，有些人以接近卖家保留价的低价达成交易，而另一些人则以接近买家保留价的高价达成交易。唯一能够预测最终售价的就是卖家的最初要价：卖家的最初要价越高，最终价格就越高。为什么会这样呢？

最初报价对谈判区间认知的影响

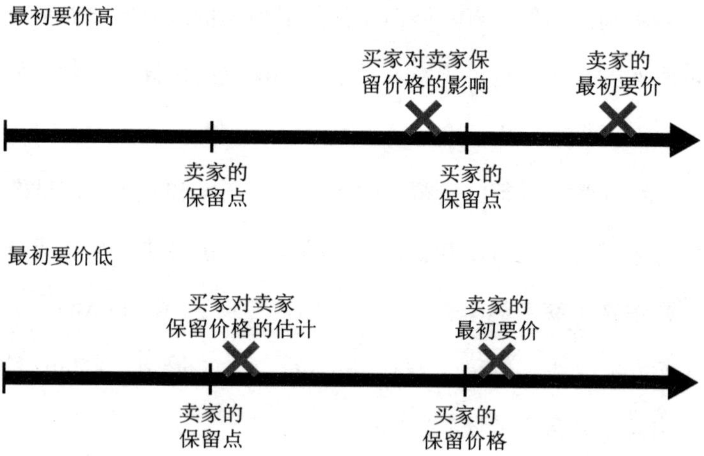

尽管卖家确实可以对专辑报出任意价格，但买家根据他们的人生阅历判断要价高的卖家往往比要价低的卖家有更高的保留价格，他们将这一点纳入谈判行为。买家假设卖家的最初报价，无论是多少，都高于其保留价格，但是他们也会假设卖家的保留价格和最初要价之间存在某种关系。在议价期结束时，卖家的最初要价越高，买家通常越愿意为专辑支付更多的钱，而不会冒险，让交易陷入僵局。强势的要求被认为是卖家有更高保留价格的信号。

虚张声势是一种危险的策略。对方可能会拒绝做出让步，因为这超出了谈判区间或者对方不相信谈判者会坚持实施B计划。不管出于哪种原因，摄影师莫菲特都有可能告诉帕金斯，他不会花钱让自己的作品出现在竞选册子上，但是他会以1000美元出售刊登他照片的许可。这样帕金斯就面临一个两难选择：要么接受僵局，实施B计划（于是犯下第二个大忌），要么承认合作盈余，默认自己试图欺骗。前一种选择会立即付出高昂的代价。后一种选择可能会对双方关系和谈判者诚实的信誉造成长期损害。因此，采用虚张声势策略应该慎之又慎，并适当考虑由此带来的风险。虚张声势也可能使谈判者获取大量合作盈余，这使其成了全能型谈判者必不可少的策略。

31
同时报价

如果你缺少理想的 B 计划，你的对手也很清楚你没有好的选择，那虚张声势就变得不可能了吗？你的对手知道（至少强烈怀疑），同意你的最低出价好过陷入僵局。这大大增加了成功使用谈判权工具的难度，但仍然有其他可以使用的方法。

在 1955 年的经典电影《无因的反叛》的标志性场景中，一些高中生恶霸向詹姆斯·迪恩饰演的吉姆·斯塔克发起挑战，要他玩“胆小鬼”游戏。[1] 电影中，两位车手面向峡谷，全速向前开。为避免冲进峡谷死亡，第一个跳车的车手被认为是“胆小鬼”，输掉比赛。这个游戏的更典型的版本是，两位车手相向行驶并加速，第一个打方向盘避免撞车的是“胆小鬼”。

尽管这个游戏没有为参与者提供好的选择，但是诺贝尔奖得主、博弈理论家托马斯·谢林发现如果一位车手在另一位车手的视线范围内，卸下方向盘，并将其扔出车窗，他就能够赢得比赛。在卸下方向盘之前，另一位车手希望对方会转向以避免事故。但是一旦对方的方向盘没了，他就知道这种希望没了。他现在只有两个选择：要么转向，成为“胆小鬼”；要么和没有方向盘的车迎头撞上，一命呜呼。既然做“胆小鬼”无疑是更好的选择，理性的车手就没了别的选择。比赛还没开始，他就已经输了。[2]

约翰·纳什的结论是理性的谈判者将会分享现有的合作盈余，这一结论隐含了这样一个假设：谈判者必须同时做出报价。谢林对“胆小鬼”游戏的分析表明，如果一方先报价，只要该报价不能够被修改或重新考虑，纳什的博弈理论就不适用。相反，在另一方能做出反应之前，能够做出不可撤销、孤注一掷报价的一方拥有全部权力，这使他有机会获得大部分或全部可获得的合作盈余。

想知道为什么吗？让我们再来看看伦敦公交车司机事件。假设工会的保留价格是时薪 25 英镑，公交车公司的保留价格是时薪 45 英镑。如果工会提出一个不接受就免谈的报价，它可以提议，公交车司机工作时薪可以低于 45 英镑，比如 44 英镑或 44.99 英镑。这将使公交车公司在两个糟糕的选择中做出选择：要么接受提议，获得少量合作盈余；要么拒绝提议，公交车司机罢工，没有任何合作盈余。理性的谈判者，就像理性的少年夜魔侠（漫威超级英雄）一样，会选择这两者中较好的一个。也就是说，他会让出最大份额的合作盈余以避免陷入僵局带来更糟糕的结果，因而没有任何合作盈余。

假设你是为了获得尽可能多的合作盈余，那么一个成功的策略就是做出不接受就放弃的最终报价，僵局的威胁会给你带来大部分合作盈余，而你的对手只能获得最少量的合作盈余。事实证明，这个策略的实施非常困难。任何谈判者都会说自己做出了最终报价，谈不成就作罢，但是在大多数情况下，如果手里没有底牌，还得进一步做出让步。如果你的方向盘可以重新安装在车上，另一位车手就有理由期待你会选择转向而不是撞车。如果你转向，他就不会转向。

工会可能会要求时薪 44 英镑的最后报价，如果公交车公司不接受，工会就可能号召罢工，但这只是虚张声势，不可能出现谢林的“胆小鬼”博弈的结果。问题是，如果公交车公司的谈判者拒绝时薪 44 英镑的要求，并提出时薪 26 英镑的报价，工会最好接受这个报价，获得 1 英镑的合作盈余，而不是拒绝报价发动罢工。如果工会的要求没有得到满足，但不罢工才最符合工会的利益，公交车公司也知道这一点（或至少强烈怀疑这一点），工会怎样才能让罢工变得可信呢？

人们面临的挑战就是试图让他们对要采取某种行动的承诺变得可信，远远超出谈判的范围。请看下面这个例子。

迪恩·卡兰是一名研究生，对这个问题很熟悉。他知道自己身体超重，应该减肥，但他很难坚持。卡兰和有同样问题的朋友曾经制定减肥目标，但是未能实现。他们彼此承诺，如果在规定的日期没有达到既定的减肥目标，他们要将半年的收入捐给慈善机构。他们失败了，因为随着截止日期越来越近，很明显卡兰和他的朋友都达不到要求，他们干脆延长了最后期限，避免损失这笔钱。卡兰承诺（该案例中是对自己）采取某种行动，但是这种承诺不可信，因为简单地延长期限或完全背弃承诺好过失去一大笔钱。

卡兰意识到他需要一种方法来确保如果没有实现减肥目标会遭受真正的惩罚，于是他和另一个不需要减肥的朋友签订了一份合同，规定如果他不达到减肥目标就要向对方支付半年的工资。这一次，卡兰成功履行了自己的承诺。与托马斯·谢林的“胆小鬼”游戏参与者不同，卡兰仍然有可能食言，他仍然完全可以吃一块肉饼，或者不去晨练。但通过大幅增加违约成本，卡兰改变了激励机制，在他看来，现在坚持自己的减肥计划才最符合自己的利益，尽管这需要他抵御强大的欲望。[3]

不久之后，卡兰成了耶鲁大学的一名教授，与伊恩·艾尔斯和乔丹·戈德堡成立了一家名为 stickK 的公司，该公司允许个人在互联网上签订类似的合同。个人如果想要对某项行动做出承诺，无论是减肥，还是任何其他事情，都需要提供信用卡号，并授权 stickK，如果他们违背自己的承诺，就从他们的信用卡里扣除一定数额的钱。如果扣了钱，stickK 会把钱捐给某个特定的个人、慈善机构或者让失败变得更加痛苦的被 stickK 称为“反慈善”的机构，这种机构的目标与个人利益相左（比如支持更严格的枪支管控法的美国步枪协会基金会或者支持堕胎权利的全国堕胎权行动联盟的美国支持堕胎基金会）。[4]

理论上，谈判者可以利用与像 stickK 这样的第三方签订合同来提高威胁的可信度，否则这种威胁就不可信。我的一个学习谈判的学生曾经为了这个目的与 stickK 签订合同，在接下来的课堂谈判模拟中如果他接受比特定数额的（假设的）钱更不利的协议，他将向 stickK 支付 50 美元。然后，他会向模拟谈判中的对手索要 50 美元，并解释说，他宁愿陷入僵局，也不愿意接受低于他要求的数额，因为如果做出让步，他会失去 50 美元。

由于无法取消和 stickK 签订的合同，那个学生选择孤注一掷。他的对手气愤地抱怨……但后来仍然同意了他的要求。

32 公海上的声誉和理性

让步可能会导致声誉受损，就像为卸下的方向盘或与 stickK 公司签订的承诺合同找了替代方案。

20 世纪 80 年代末至 90 年代初，随着索马里陷入内战，海盗成为一个新兴产业。起初，海盗对外国船只的袭击主要针对在索马里海岸线附近作业的相对小的拖网渔船，更多的是海上武装抢劫，不会让人联想到“黑胡子”驾驶骷髅船。组织松散的海盗登上船只，抢走船上的财物，然后离去。在早期，这些海盗抢劫有某种道义上的交易，因为受害者经常在索马里水域非法捕鱼，因此，至少在理论上，损害了索马里渔民的生计。[1]

到 21 世纪初，索马里海盗已经演变得完全不同。从苏伊士运河到索马里北部海岸的亚丁湾，从非洲之角到印度洋，组织严密的海盗团伙，人数在 20~50 之间，经常在航道上抢劫经过国际水域运载大量石油、食物或其他商品的大型船只。

正如汤姆·汉克斯主演的电影《菲利普船长》中描述的那样，这些现代海盗登上目标船只，取得控制权，劫持人质，然后要求支付赎金换取船只和船员。[2] 国际武装巡逻力量和船上安全系统最终使这个问题得到控制，但是在 2005—2011 年，索马里海盗成功劫持 200 多艘船只。[3]

尽管《菲利普船长》中描述的马士基·亚拉巴马号商船及其船员被美国的海豹突击队救下，但这是例外。在大多数情况下，海盗和船东能通过协商达成协议，在没有暴力的情况下结束僵局，船东或他们的保险公司会向海盗支付赎金。这笔钱会被专机运至被劫持船只上方，用降落伞投下。[4]

很多情况下，赎金高达数百万美元，最高的案例是 2011 年船东支付 1350 万美元才得以赎回超级油轮 Irene SL。

这些赎金数额表明，索马里海盗和被劫持船东之间有非常大的谈判区间。船只和船上的货物本身就值一大笔钱，再加上被劫持船只上的数十名船员的生命价值，很明显，船东和保险公司愿意支付数百万美元。

但这只描述了谈判区间的一端。当然，海盗的保留价格应该很低。他们的 B 计划是什么？劫持的船只和船上的货物对船东来说是很有价值的，但海盗不能出售货物或者将船只出租谋利，因为没人会和这些不法之徒做生意。海盗威胁说，如果他们的要求得不到满足，就会沉船并杀害船员，但这似乎是一个糟糕的 B 计划，因为海盗制造这样的混乱并不会有实质性收获。面对如此糟糕的选择，一旦控制被劫持的船只，无论赎金多少，海盗都会愿意接受，而不是接受僵局。索马里海盗事件令人疑惑的不是为什么航运公司愿意支付数百万美元来营救船员，而是为什么航运公司认为自己必须交赎金。

就像一群海盗威胁说，如果船东不支付 500 万美元赎金，他们就会毁坏船上的货物并杀害船员。如果海盗从这种威胁中得不到任何好处，船东可能会认为这种威胁缺乏可信度。因此，放弃船只，释放船员换取象征性的赎金——可能是 5000 美元——才符合海盗的最大利益。

如果这种海盗行为只是偶然事件，并且海盗计划在得逞之后重新以捕鱼为生，那么这种分析是合理的。但是这些海盗把不断劫持船只，索取赎金当成一门生意，所以船东不可能这么乐观。海盗在一次谈判中就会建立声誉，这对他们未来的赎金交易有帮助（或损害）。比起毁坏船只，海盗确实最好接受象征性报酬。但是一旦他们威胁说，如果不支付 500 万美元的赎金，就会烧毁货物并杀害船员，刺激点就变了。如果海盗不实施威胁，船东就可能不会认真对待他们未来提出的要求。

利益攸关的声誉后果超出焦点谈判的范围，原本不可信的威胁变得可信。理性的船东可能会认为他们必须空降数百万美元到被劫持的船只上，以保护船只免遭破坏，船员免遭杀害。他们经常这样做。

妥协的声誉代价

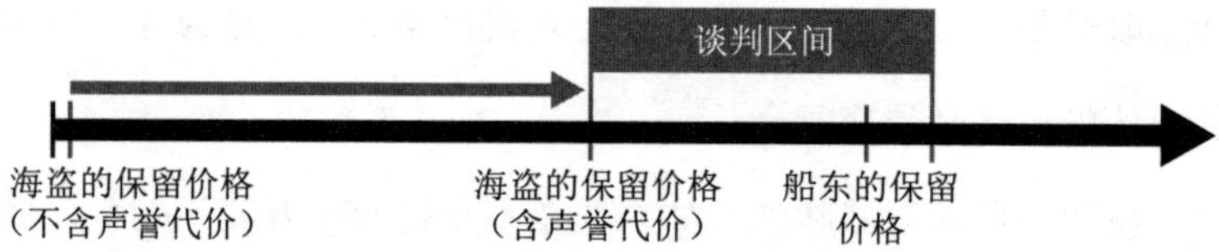

还有第二种解释，也可以说是更简单的解释，能说明为什么索马里海盗的 B 计划在客观上很糟糕，却能够说服跨国公司和它们的保险公司愿意支付数百万美元来赎回被劫持的船只。像博弈理论家约翰·纳什和托马斯·谢林提出的战略分析，假设参与者的行为是理性的，也就是说，假设每个人都做出了将其预期效果最大化的决定，但并非每个谈判者在决定行动的时候都会遵循博弈论的严格理性假设。当选择僵局比接受一个不那么慷慨的报价更不可取时，谈判者就越不可能理性行事，他选择陷入僵局的承诺就越可信。

索马里海盗的一些行为与现代企业的组织和纪律类似。海盗团伙通常组织有序，有明确的指挥和控制线，分工明确。在某些情况下，他们甚至雇用半专业的谈判人员来处理和船东的赎金谈判。当劫持马士基·亚拉巴马号的海盗要求赎金时，他们向菲利普船长保证，整个劫持行动“只是生意”。

但是海盗团伙也传达了一种绝望的感觉，这可能意味着不理智的行为。海盗经常被派往目标船只，他们乘坐的是小船，如果劫持船只的行动失败，他们就没有足够的燃油回到岸上。如果谈判过程要持续几天、几周甚至几个月，据说海盗在被劫持的船只上，就会消耗大量的阿拉伯茶。阿拉伯茶是一种叶子令人兴奋的植物，叶子可以咀嚼或者煮成茶。当少量食用时，阿拉伯茶是一种温和的兴奋剂，但如果大量食用，这种植物就会扭曲人的感知，让食用者感觉自己无敌。

在《索马里海盗：隐秘世界揭秘》（*The Pirates of Somalia: Inside Their Hidden World*）一书中，记者杰·巴哈德描述了 2009 年德国货轮 MV 维多利亚号在前往沙特阿拉伯途中被劫持，并被勒索赎金的事件。根据巴哈德的描述，在接近两个半月的时间里，这艘货轮就成了“靠阿拉伯茶来坚守岗位的海盗”的俘虏。在此期间，补给船一天多次向货轮运送阿拉伯茶。那些无聊、彻底迷醉的海盗常常自娱自乐，拿着俄制的 AK–47 朝天开枪。海盗的这种行为自然会让本已紧张不安的船东担心，如果海盗的赎金要求得不到满足，他们是否还会理性行事。最终，船东支付了 180 万美元，赎回了船只和船员——虽然没支付海盗最初要求的 300 万美元，但远远超出了海盗 B 计划的合理数额。[5]

如果船东拒绝支付比象征性赎金更多的赎金，比如 1 万美元，海盗是拿钱，还是击沉船只并枪杀船员？谁知道呢？

托马斯·谢林认为：“如果一个人敲门说，除非你给他 10 美元，否则他就会在你家门廊上捅自己一刀。如果他眼睛充满血丝，他更有可能得到 10 美元。”在生活中的大多数时候，理性通常会对你有利；而在谈判中，非理性，或让对方相信你是非理性的，也是一种力量。我的学生经常说这不公平，但你妈妈可能从小就告诉过你，生活并不总是公平的。

33
温柠檬水和耐心的力量

迟迟不能达成协议可能会让人们付出高昂的代价。索马里海盗宁愿立马收赎金，而不是拖到六个月后再收赎金。在交易达成之前，他们什么也得不到，而且还得花费他们全部的时间来占领被劫持的船只，守住被绑架的船员。伦敦工会和其管理层也更愿意更早地解决罢工问题，因为罢工的每一天都意味着员工没有工资，公司也没有收入。由于谈判通常会有一定程度的不愉快的冲突，大多数谈判者宁愿今天达成协议而不愿拖到明天，即使只是为了尽量减少谈判的时间和压力。

尽管迟迟不能达成协议通常都不是谈判双方想要的，但对其中一方来说，代价往往更大。简言之，我们可以把相对不急于达成协议的一方认为是有耐心的谈判者。有耐心的谈判者等到明天再达成协议，也不会有什么损失。相反，如果一个今天能够达成的协议拖到了明天或者后天，没有耐心的谈判者就会承受巨大的现金成本、机会成本甚至个人心理成本。当有耐心的谈判者摆开阵脚对付没有耐心的谈判者时，前者应该能够以僵局相威胁，要求对方做出更大的让步。

举个例子，一个炎热的夏天，邦妮和克莱德两人正在协商分一壶冰柠檬水。当第一次把水壶从冰柜拿出来时，两个人都能从喝整壶冰柠檬水中获得的快乐值为 10，从喝一半冰柠檬水中获得的快乐值为 5。如果邦妮能做出令人信服的最终提议——要么完全占有，要么全部放弃，博弈论的原则表明她应该要求得到整壶的冰柠檬水（克莱德只能喝一小口），因为克莱德会认为，一点点总比什么都没有好。但如果邦妮无法让人相信她不会让步，那么针对邦妮的提议，克莱德会反过来指出，邦妮喝一小口也好过没得喝，因此她应该答应把绝大部分柠檬水留给克莱德。这时就可能出现僵局。

现在假设邦妮和克莱德之间有一个重要的区别——克莱德讨厌温柠檬水。这意味着当双方谈判时，冰柠檬水壶在炎热的阳光下每多停留一分钟，克莱德从喝冰柠檬水中获得的效用就会迅速减少。一天下来，即便整壶的温柠檬水也不会让克莱德感到任何快乐。另外，邦妮正好什么温度的柠檬水都喜欢喝。一天结束的时候，一壶温热的柠檬水给她带来的快乐和早上时一样，快乐值都是 10。如果两位谈判者在达成协议之前，花一整天之间就柠檬水的分配讨价还价，那么耐心的邦妮不会失去任何价值。然而，对没有耐心的克莱德来说，柠檬水的价值会迅速下降，最终为零。

邦妮的耐心为她提供了一种力量源泉，这种力量不是来自她以可信的方式打破陷入僵局的能力（这通常是力量的源泉），而是来自她以可信的方式利用拖延达成协议。想象一下，邦妮在谈判一开始就提议让克莱德喝一口柠檬水，剩下的归她，而克莱德拒绝这个提议，并提出要更公平地分配柠檬水。邦妮拒绝做出任何让步，并且说如果有必要，她会坐着等一天，直到克莱德愿意接受她的提议。克莱德知道再晚些时候，柠檬水对他就没有任何意义了。对他来说，早上的一小口冰柠檬水也比下午的整壶柠檬水更美味，于是他最好现在就接受邦妮的提议。

如果我们更现实一点，假设邦妮也喜欢冰柠檬水，但她不像克莱德那样在乎柠檬水的温度，那么事情就会变得略微复杂一点。也就是说，邦妮不是我们想象中的那种非常有耐心的人，但比克莱德有耐心。于是邦妮会和克莱德一样，愿意在早上做出让步。

博弈理论家用复杂的公式展示了理性的谈判者应该根据他们相对不耐心的程度精确地划分合作盈余。[1] 如果克莱德坐在阳光下，柠檬水价值下降的程度是邦妮的两倍，那么双方在谈判一开始就应该达成一致意见，邦妮得到2/3的冰柠檬水，克莱德得到1/3。这一特定的结果取决于一系列并不总是适用的严格假设，但一般的情况是：相对缺乏耐心的谈判者在谈判一开始就有放弃大部分合作盈余的动机，因为这比他坚持要求一块越来越小的蛋糕的更大份额会带来更好的结果。越有耐心的谈判者越可能因为拖延付出代价，但坚持不让步的威胁是可信的，尽管付出了代价，因为他知道没有耐心的谈判者最终不得不做出更大的让步。

网飞电视剧《黑钱胜地》中有一集，女演员劳拉·林尼饰演的无情主角温迪·伯德在密苏里州拥有一家河船赌场，她试图买下临近的酒店，该酒店几乎所有的业务都来自前来赌博的游客。酒店的老板不想卖掉这家酒店，在伯德强迫他们卖掉赌场之前，他们是这家赌场的老板。

伯德宣布，她将关闭赌场一个月，这样双方都没有收入。"如果关门，你会损失一大笔钱，尤其是在夏季的几个月里。"其中一位老板震惊地说道。伯德微笑着耸耸肩："我们负担得起。比起你们，我们更大、更有效率，我们不会输。所以你们何不把酒店卖给我们呢?"赌场每关闭一天也是一种代价高昂的自伤，但只要伯德认为酒店会首先破产，她的策略就是合理的。不过这招致酒店老板的怒骂——激进的谈判权策略是一种糟糕的交友方式——但他们很快恢复了理智，伯德最终买下了酒店。[2]

为什么索马里海盗的B计划很脆弱却能与西方航运公司谈判数百万美元的赎金？耐心的好处提供了第三种解释。总的来说，海盗的业务量相对较少。一个劫持一艘船数周或数月的海盗团伙很可能不会错过在同一时间段劫持和勒索其他船只的机会。由于时间价值低，等待赎金谈判结束的成本并不高。此外，索马里存在非正式金融市场，海盗团伙能以预期赎金收益做抵押借钱。[3] 这表明，尽管海盗很穷，而且毫无疑问更愿意尽早获得赎金，但他们并不立即需要现金流为他们的劫持活动提供资金，他们可以等。

相比之下，对船东来说，一场漫长的劫持事件的代价是巨大的。当船只被海盗占领时，船只就不能够带来任何收入。货物被困在船上，船东又不能将其出售，再用所得收益购买和运输更多的货物。最重要的是，在船只被劫持期间，船员和他们的家人每天都要承受巨大的心理压力。船东无疑意识到，为了迅速解救被劫持的船只，同意向更有耐心的海盗支付更多赎金比持续拖延遭受巨大代价更明智，损失更小。

耐心是一种优点，对全能型谈判者来说，它也是谈判权的重要来源。

工具四的关键点

- 谈判权迫使对方接受协议，将大部分合作盈余分配给谈判者。
- 行使谈判权的根源在于谈判者在其要求没有被满足的情况下，能够可信地威胁谈判会陷入僵局的能力。
- 使用谈判权取决于谈判者使对方相信，相对于在焦点谈判中达成协议，谈判者的B计划更可取。这可以通过确定或制订一个更好的B计划，声称自己有一个比现在更好的B计划，夸大自己对B计划的兴趣，或对焦点交易缺乏兴趣来实现。
- 即使谈判对手相信谈判者只是可能会实施B计划，僵局威胁也是有效的。
- 即使谈判对手知道，谈判者在不太有利的条件下达成协议会比实施B计划更有利，但如果谈判者不能接受对他不利的条件，或者接受一项对他不利的协议，谈判者将蒙受足够的声誉损失，或者对方认为他可能无法理性地决定下一步的行动，在这些情况下，谈判者也可以行使谈判权。
- 更有耐心的谈判者可以通过威胁推迟达成协议来行使谈判权，这会让谈判对手付出更高的代价。

工具五：公平规范

34
最后通牒游戏和独裁者游戏

1977 年秋天，一位名叫维尔纳·居特的年轻德国经济学教授意外获得了一笔研究基金，但前提是他得同意用这笔钱进行实验室实验，这种研究方法当时在该领域很少见。居特设计了一个实验，他称之为“最后通牒游戏”。他的研究结果发表于 1982 年，[1] 并开启了数十年的后续研究，使得最后通牒游戏成为最受欢迎的实验性谈判游戏，可能也是整个行为经济学中最受欢迎的实验。[2]

最后通牒游戏之所以引起如此多的关注，是因为它简单明确地表明，人们为了避免受到不公平待遇，会采取违背自身经济利益的行动。人类对公平的强烈渴望要求使用第五个谈判工具——

公平规范，这对谈判的成功至关重要。

最后通牒游戏是这样的：一名研究人员向一位实验对象（提议者）提供一笔钱（赌注），通常是10美元。提议者必须向另外一位实验对象（响应者）提出分配这笔赌注。响应者可以选择接受或拒绝赌注分配提议。如果响应者接受赌注分配提议，他们就按提议者的提议分配赌注。如果响应者拒绝赌注分配提议，双方什么都得不到。游戏中的提议者和响应者彼此不知道对方的身份。

这个实验创造了一个纯粹的测试，当双方完全了解彼此的保留点，并且其中一方可以以百分之百的可信度承诺会做出不接受就放弃的最终提议时，人们会如何行动。

根据博弈论的推理，在最后通牒游戏中，响应者应该接受提议者提出的任何数额的金钱。如果响应者拒绝提议者，则得不到钱，很明显有钱比没钱好。由于提议者不能够修改自己的提议，响应者不能再提出提议，双方就像托马斯·谢林的“胆小鬼”游戏中的玩家一样，将自己的方向盘扔到车窗外。这与现实世界的大多数谈判不同，在现实世界中，谈判者无法确定对方所谓的“最终”提议是否真的是最终提议，但是在最后通牒游戏中，响应者知道提议者不是在虚张声势。

谈判者的最后通牒游戏

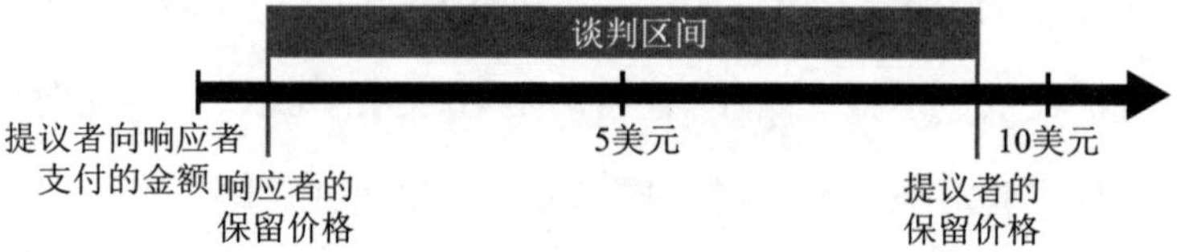

博弈理论家认为，提议者应该提供尽可能少的钱，但如果提议低于5美元，响应者会拒绝提议。

但大多数的实验对象不会像博弈论预测的那样玩。当分到的赌注少于50%时，许多响应者会拒绝提议者的提议。当分到的赌注少于20%时，大多数响应者会拒绝。[3]记住，拒绝任何大于零美元的提议都等于是在烧钱。当这种情况发生时，双方都会一无所获。规则非常清楚，没有第二次机会。

响应者的行为可能会让博弈论理论家感到惊讶，但是提议者所做的选择表明，他们预料到如果自己分给响应者的赌注少，后者可能拒绝。相对来说，很少有提议者会提出给响应者尽可能少的赌注。在一次又一次的实验中，提议者通常会分给响应者40%~50%的赌注，最常见的是分50%。即使进行该实验的国家，研究者能够为实验对象提供实质性收入，响应者和提议者的行为模式也会持续下去。[4]这与一些经济学家的假设不一致，他们认为如果要分的钱足够多，人们就会表现得理性。

最后通牒游戏的结果表明，谈判不仅是一种战略互动，也是一种社交互动。大多数人不仅看重谈判所能提供的物质结果，也会考虑协议的公平性。事实证明，许多人宁愿放弃有形的回报，也不愿被不公平对待。达成协议往往不仅需要有合作盈余，还需要一种共同信念，即在一定情况下，合作盈余的分配符合社会公平规范。

事实上，即使全能型谈判者有决定性的权力优势，可以通过僵局威胁来要求大部分合作盈余，他们也会花很多时间和精力解释他们的提议是公平的。其原因是多方面的。

第一，使用谈判权的谈判者，就像最后通牒游戏中只给对方留几分钱的提议者，冒着因为不公平交易而被对方拒绝的风险，即使由此导致的僵局会让他的境况更糟糕——一无所获。[5]谈判权和公平规范之间的选择就像力量与技巧的选择，后者往往提供了一条通往理想结果的更平坦的道路。

第二，对许多人来说，使用公平规范会让人感受更好。一些有竞争力的谈判者喜欢急于利用谈判权迫使对方服从他们的意愿，但更多的谈判者更愿意看到双方在达成协议时握手称“这样公平”，而不是看到对方在那一刻有苦难言。

第三，如果对方高兴，就更可能在今后和他做生意，对方也不太可能逃避履行他勉强同意的协议义务。

其实，谈判权和公平规范并不是相互排斥的，全能型谈判者经常同时使用这两种工具。当伦敦公交车司机威胁在奥运会期间罢工时——一个明显运用谈判权工具的例子——他们同时通过援引公平规范来证明加薪是正当的，以支持他们的谈判立场。

根据媒体报道，在促使最终争端解决的过程中，认为公交车司机赚取奥运会红利并支持公交车司机有两个主要理由：一是伦敦地铁工作人员和其他交通系统从业人员已经得到承诺，或获得了相当于或超过公交车司机要求的工资；二是在奥运会期间，客流量的增加会增加公交车司机的工作量。[6] 第一个理由体现了公平规范的力量，即处境类似的人应该被同等对待；第二个理由取决于公平规范，即薪酬应该反映员工的劳动强度。

对工会要求无动于衷的评论人士承认，谈判需要公平，但对特定情况下什么是公平提出了质疑。他们认为，在两周的奥运会期间，更多的乘客不会给公交车司机带来更多的工作量，并且更多的工作并不需要更高的工资，因为新的收费技术已经减轻公交车司机的工作量，但薪酬并没有削减，工会坚持所有公交车应得到实际的好处——即使那些在奥运会期间客流量不会增加的线路——这在任何情况下都是不合理的。[7]

这种意见的交流表明，公平协议通常是有争议的。客观来说，没有任何特定的交易是“公平”或“不公平”的。公平是一种社会建构，对于任何谈判结果，只有在谈判双方或在更广泛的社会共识中认为它是公平的，它才是公平的。谈判双方可能会真心实意地承诺要追求“公平”交易，但仍然发现他们在某些条款上不能达成一致，因为任何一方均可以捍卫自己与对方截然不同的提议，认为它们与看似合理（尽管不同）的公平理念是一致的。

最后通牒游戏的结果表明，在某些情况下，如果谈判者认为对方的提议不公平，就会有谈判者（但不是所有情况下的所有谈判者）拒绝一个比他们 B 计划更具实质性优势的协议。在这种情况下，谈判的一方会提出异议，认为方案对他来说“不公平”，实际上就是提议的和解方案没达到他的保留点。这会加强以僵局结束谈判威胁的可信度。

例如，伦敦的公交车司机的时薪保留点是 25 英镑，只要时薪 25 英镑（24 英镑都不行）他们就不会罢工，但如果他们认为时薪 32 英镑才是公平薪资，他们仍然会拒绝时薪 25 英镑的报价，也许 32 英镑是其他交通工具司机的时薪。[8] 如果公交车司机威胁得不到“公平”的薪资就罢工，公交车公司就必须认真对待这种威胁。

…

最后通牒游戏没有回答的一个问题是，谈判者是否只关心避免消极的不公平（相比公平而言，在谈判中获得更少的利益）或他们是否也希望避免积极的不公平（达成对对方不公平的协议，给对方提供了比公平协议更多的利益）。在最后通牒游戏中，提议者往往会给出比博弈论理论家预测的更慷慨的提议，这可能是因为他们本能地（正确地）认为响应者通常会拒绝消极不公的提议，或者因为提议者希望避免给出积极的不公平提议。

另一个简单的实验游戏为这个问题提供了一些见解。开始时，独裁者游戏和最后通牒游戏一样，提议者被给予一笔钱，并被要求与匿名的响应者分享这笔钱。然而，与最后通牒游戏不同的是，独裁者游戏中的响应者没有选择，只能够接受分钱的提议（双方都事先知道响应者在这件事情上别无选择）。就像游戏的名字一样，提议者裁定最终结果。这意味着超过零美元的分钱提议不能用来解释提议者担心不公平的提议会遭到拒绝。

根据博弈论的预测，独裁者游戏中的提议者不会给响应者任何东西，而会将所有东西据为己有，因为他从分享中得不到任何实质性好处。然而，就像最后通牒游戏实验结果一样，当使用真钱时，结果经常与预测的相反。大约 1/3 的提议者的确不会分给响应者一分钱，这表明他们对这种于自己有利的扭曲利益划分毫无顾忌。大多数提议者会分一些钱给响应者，这至少表明对积极不公的厌恶，有 1/6 的提议者至少会分给响应者 50% 的钱。[9]

对全能型谈判者来说，真正困难的是确定他们的对手会认为哪种公平的做法具有说服力，或者至少在特定的条件下能够接受并达成协议。下面的章节将分析谈判者可以用来确保公平提议的三种概念性方法。

- 如果协议体现了谈判者之间分配公正原则，那么该协议就是公平的。
- 如果协议中的谈判者在类似的情况下会得到与其他谈判者相同的待遇，则该协议就是公平的。
- 如果协议谈判的过程是公平的，那该协议也是公平的。

谈判者在“什么是公平的”这个问题上意见不一，因为实现公平的方法各不相同，在特定情况下会有不同解释。全能型谈判者知道如何利用这些概念达成双方都愿意接受的交易。

35
分配公正

在奥巴马任总统期间，民主党和共和党就高收入个体的边际联邦所得税进行了多次激烈的讨论。[1] 民主党人要求提高乔治·W. 布什政府时期削减的最高边际税率，而共和党人强烈抵制任何提高最高边际税率的做法。[2] 作为更广泛预算妥协的一部分，参议院共和党人不愿意在 2012 年提高最高边际税率，但是众议院共和党人投票反对这种妥协。[3]2016 年，共和党控制参众两院并由共和党人当选为总统，他们颁布了一项新的税法，广泛降低了个人所得税，但按百分比来算，最高收入人群减税的幅度最大。[4] 尽管民主党没人支持这项法案，但法案还是生效了。[5]

两党在税率问题上的对立立场反映了分配公正的根本分歧，即在一个群体成员中，怎样分配才是最公平的。

社会科学家确定了三条相互矛盾的原则——公平、平等和需求，它们激发了人们关于分配公正的观点。

- 根据公平原则，人们有权根据创造资源的贡献来获取资源。创造更多资源的个人有权获得更多份额的资源。
- 根据平等原则，一个群体的所有成员应该得到同等份额的利益。
- 根据需求原则，更多利益应该分配给最需要的群体成员。[6]

共和党人在税率问题上的态度源于公平原则。高收入的美国人通过市场活动赚钱，高收入的公司老板通过创造就业机会，为公司员工和国家经济福利做出巨大贡献。因此，他们的贡献使他们在国民收入中占有更大的份额是公平的。

相对于公平，民主党的立场更倾向于需求原则。在某种程度上说，征税是必须的。民主党人认为要求富人缴纳更多的税是公平的，因为他们比穷人或中产阶级更有能力承担政府运行的成本。低收入者需要更多的钱来生活。

偶尔，也会有人支持“固定税”——对所有纳税人按相同的税率征收收入税。从字面上来看，固定税体现了公平原则：所有人一视同仁。尽管按收入征税的固定税提议在美国没有赢得很多民众的支持，但是公平原则为销售税负担的分配提供了依据，赢得了广泛支持，尽管支持需求原则的人经常批评这极不公平，是一种倒退。

这个例子表明，谈判者经常会在特定情况下对公平分配原则的首要问题产生分歧。这些原则并没有达成共识的先后排名（尽管有一些证据表明，一般来说，政治上保守的人更赞成公平原则，而不是平等或需求原则），因此，即使谈判双方同意将分配公正作为达成协议的基础，他们也常常无法达成共识。

经济学逻辑表明，如果谈判后各方所付出的努力会影响合作盈余的总量，那就会优先强调公平原则。例如，假设阿佛洛蒂忒和比彻正在建立商业伙伴关系，他们必须协商是基于公平原则、平等原则还是需求原则分配未来的利润。在这种情况下，可以通过分配公正来激励合作双方尽可能努力工作，使道德风险问题最小化（注意：如果阿佛洛蒂忒和比彻正在协商解除现有合作关系，那公平原则就没有优势，因为双方将来不会再有任何关系，也就不用担心道德风险）。[7]但是经济逻辑不一定符合社会逻辑，因此经常有人强烈支持平等和需求原则，即使是在注重未来努力的谈判中。

当谈判双方希望建立一种长期的合作关系时，焦点谈判只是他们未来共同努力所能实现的价值的一小部分。在这种情况下，则更加要求主张平等原则。根据平等原则，参与协议谈判的各方享有的价值是相同的，它比公平原则更有利于建立强有力的社会关系，因为公平原则的本质突出了谈判各方的价值差异。然而，公平是一种社会观念，最终取决于谈判者认为是否公平。即使这样，也不能保证平等原则会优于公平或需求原则。

尽管一般来说，个人谈判者可能更倾向于分配公正原则，而不是其他原则，但是有证据表明，我们大多数人会根据实际情况进行判断。心理学家伊丽莎白·曼妮克斯和她的同事进行了一项谈判实验，要求商学院的学生扮演一家制作教学视频公司的三个部门的副总，并就为客户制作 12 个新视频的任务进行了谈判。每一组谈判者被告知公司文化的三个原则之一：被告知公司文化是以经济效益为导向的谈判小组在分配部门责任时更强调公平原则；被告知公司文化注重个人关系和尊严的小组最容易采取平等原则；被告知公司奖励员工成长和发展的小组则倾向于需求原则。[8]

在最后通牒游戏的标准版本中，平等原则似乎占据主导地位。尽管作为提议者的人拥有所有的议价能力，但结果表明，大部分实验对象认为应该基于简单的平等原则分配利益。如果利益分配少于 50%，提议通常会被拒绝，但当利益分配多于 50% 时，提议从来不会被拒绝。在大多数公开发表的实验中，最常见的提议是正好 50%。[9]

然而，当在公平的基础上，实验者提供的实验环境下出现了不平等结局时，结果往往会不一样。经济学家维尔纳·居特和雷纳尔·蒂策通过竞拍的方式让受试者扮演提议者的角色，发现中标者很少给响应者 50% 的利益，而响应者通常接受单方面提出提议。[10] 经济学家伊丽莎白·霍夫曼和她的同事给受试者做了一个小测试，然后给高分受试者分配提议者角色，给得分较低的受试者分配响应者角色。在这种情况下，响应者会愿意接受更小份额的利益。两个实验都表明，受试者倾向于公平规范而不是纯粹的平等原则。第二个实验表明，受试者相信更高的测试分数给了受试者不平等分配合作盈余的公平依据，即使测试与金钱奖励的相关性并不明显。[11]

还有一个实验表明，谈判者之间的关系会影响公平规范的偏好。心理学家哈里斯·桑达克做了一个实验，不管他们的实际答案是什么，告诉受试者他们将得 30 分，指定的搭档得 70 分，或者相反，每组总分 100 分，然后，受试者的任务是与他们的搭档协商如何将 100 分奖励给他们的小组，小组成员可以用积分来换取彩票或者其他好处。在一半的谈判中，受试者与他们的室友搭档，而另一半的谈判中，受试者与完全陌生的人搭档。实验结果与理论一致，当考虑长期关系时，人们更希望平等，与陌生人搭档的受试者比与室友搭档的人更可能根据公平规范分配分数（根据谁在产生分数的测试中得分更高），与室友搭档的受试者比与陌生人搭档的受试者更容易根据平等原则分配分数（五五开）。[12]

即使谈判者能够就分配公正原则达成一致作为他们达成协议的基础，他们也可能对在具体情况下如何应用该原则产生分歧。例如，公平原则是否要求谈判各方根据努力程度或者实际成就按比例分配资源。如果阿佛洛蒂忒的工作时间是比彻的两倍，但是比彻发明了最赚钱的产品或者完成了最多的销售业绩，谁应该获得更多的合作盈余呢？平等是否要求无论分配什么资源，每一位提出要求者得到的份额都完全一样呢？或者考虑其他之前可能没有平均分配的资源，需要对资源进行调整，使每个人得到总资源的份额相等吗？需求原则是否允许、要求甚至禁止考虑提出要求者是否已经采取各种举措来尽量减少需求？这些问题都没有明确答案。

尽管民主党在所得税问题上的立场偏向于需求原则，但民主党领导人有时会挑战共和党人的一贯主张，即公平原则的低税率有利于富人。如果高收入（主要）是运气或特权的结果，而不是努力和能力的结果，那么公平原则允许高收入者保留他们更多收入的说法就没有说服力。当民主党试图反对共和党提出的公平主张时，共和党就会反击。当奥巴马总统指出公共资助的基础设施，如道路和桥梁，能让企业主赚更多的钱时，他遭到共和党的嘲笑，“道路和桥梁又不是你们这些企业主个人建造的”。[13]

如果谈判者让他们的对手相信特定的利益或负担的分配是公正的，通常离达成协议就不远了。其实，正如上面最后一个例子所示，要达成协议并非易事。

36
惯例

20 世纪 80 年代初，法律学者罗伯特·埃里克森从斯坦福大学法学院搬到加利福尼亚州沙斯塔县的一个村庄，研究当地居民如何解决牧场主的牛闯入隔壁农民的庄稼地并毁坏庄稼时发生的纠纷。在这种情况下，很难说哪一方应该受到责备。通常情况下，牧场主本来可以给牲畜做更好的防护栏来避免牲畜毁坏庄稼，但同样，农民也可以把庄稼围栏做得更好以避免牲畜对庄稼造成损害。埃里克森认为协商解决这些纠纷的条件将取决于牧场主是否要对毁坏庄稼负法律责任。双方的 B 计划都是将纠纷提交到法院，这意味着法律对谁有利，谁就在使用谈判权策略上处于有利地位。

埃里克森知道，在有些情况下，沙斯塔县相关的法律有利于牧场主，而在其他情况下则有利于农民。他惊讶地发现，在这些赔偿谈判中，习俗胜过了法律权利。这些纠纷通常由牧场主赔偿所有损失来解决，即使在法律对牧场主有利的情况下。[1]

埃里克森所研究的谈判者依赖的公平规范类别与上一章讨论的不同。当公平观念是基于分配正义原则时，公平就取决于谈判双方如何分享合作盈余。最后通牒游戏中的响应者拒绝接受少于50% 的利益，因为平等原则表明响应者接受比提议者更少的合作盈余份额是不公平的。在沙斯塔县，牛践踏庄稼的代价的公平分配不取决于牧场主和农民的责任分配，而是取决于农民之间受到同等对待，牧场主之间也受到同等对待。公平涉及的这种横向社会比较就是我所说的约定俗成的力量。从这个角度来看，公平意味着谈判者（或他所代表的团体）被以同样的方式对待，就像类似情况下各方（已经）受到的对待一样。

这并不是说最后通牒游戏玩家不关心惯例。当他们能够将自己和其他相同角色的玩家进行比较时，他们确实考虑了这一点。经济学家艾里斯·博内特和理查德·泽克豪瑟将接受标准信息的最后通牒游戏中响应者的决定与被告知提议者提出平均数额的响应者的决定进行了比较。第二组中的响应者可以与其他的响应者进行比较，他们更有可能拒绝提议者的建议，这表明他们对这种比较的重视。[2] 有趣的是，提议者也清楚地知道这种横向社会比较的重要性。如果提议者知道响应者会被告知平均报价金额，那他们会给出更高的报价。

顺便说一下，关心自己不会比处境相似的人受到更差的待遇，以及当这种形式的公平受到侵犯时，为了抗议而拒绝互惠交易，并不是人类独有的。灵长类动物学家弗朗斯·德瓦尔和萨拉·布罗斯南训练一群僧面猴用石头从实验者手中“买”黄瓜，它们很喜欢这样做。但是当它们看到其他猴子用石头换取更美味的葡萄时，许多“买”黄瓜的猴子拒绝交换石头，也拒绝接受黄瓜。[3]

概括来说，通常认为具有代表性的协议条款是公平的，因为这确保了处境相似的谈判者受到同等对待。因此，全能型谈判者认为如果一项协议看起来符合惯例，那么对方更有可能接受该协议，无论在特定情况下谈判双方如何根据惯例分配合作盈余。没有人愿意受到比下一只猴子更糟糕的待遇。

37
市场价格的作用

如果当地的园丁修剪一棵树通常收取 100 美元，客户会认为 125 美元的报价不公平，即使客户有非常高的保留价格。如果一家公司某部门的初级员工的年薪是 7 万美元，如果公司提出 5.9 万美元的年薪，求职者会觉得这对他来说不公平，即使他的下一个工作机会更加糟糕，公司有许多优秀的求职者可选。如果一套房子上个月卖 60 万美元，买家可能会认为同一街区类似的房子要价 70 万美元不公平，即使买家非常想要这套房子，而且这是附近唯一待售的房子。

为了使惯例成为公平协议的指南，谈判者需要一个确定使用惯例的基础。我把谈判者用来参考的之前的协议称为参考交易，这种交易通常与谈判方无关。在商业谈判中，谈判者往往根据参考交易的价格来判断价格是否公平。商品或服务的市场价格会以两种截然不同的方式影响谈判过程，一种是经济的，一种是社会的。为了理解市场价格的重要性并在谈判中加以有效运用，了解这种差异很重要。

当众多买方和卖方在商品和服务交易中有一模一样或接近的替代品时，市场价格就会影响谈判区间，因为买卖双方的 B 计划都涉及按市场价格进行买卖。

我们假设阿佛洛蒂忒正在一个繁忙的农贸市场里购物，那里有 12 个当地农民以 1 美元一个的价格出售几乎一模一样的玉米，许多购物者都兴奋地购买玉米。她来到比彻的摊位前，讨价还价要买一个玉米。阿佛洛蒂忒的 B 计划是在另一个农民那以 1 美元的价格购买相同的玉米。这些农民的摊位只相隔几步，于是她在焦点谈判中的保留价格可能是 1 美元。比彻的 B 计划是以 1 美元一个的价格将玉米出售给正在排队的别的顾客，所以他的保留价格也是 1 美元。

在这种情况下，市场价格直接影响了议价区间，限制了潜在协议的议价范围。这就是我所说的市场价格对谈判有经济影响。于是，我们可以预测阿佛洛蒂忒和比彻将同意以 1 美元的价格进行交易，不会以其他价格进行交易。

现在考虑市场价格在另一种情况下的作用，这种情况有些许但重要的不同之处。假设阿佛洛蒂忒不喜欢其他农民的玉米的成色，所以她的B计划是什么都不买，离开市场。但是由于饿了，她更愿意与比彻达成协议而不是实施B计划，于是她决定以3美元一个的保留价格买比彻的玉米。比彻有很多玉米，而且市场里顾客不多了，他意识到如果不卖给阿佛洛蒂忒，他的B计划就是带着玉米在第二天去另一家农贸市场销售。他不想这么麻烦，于是他将玉米的保留价格定在75美分一个。

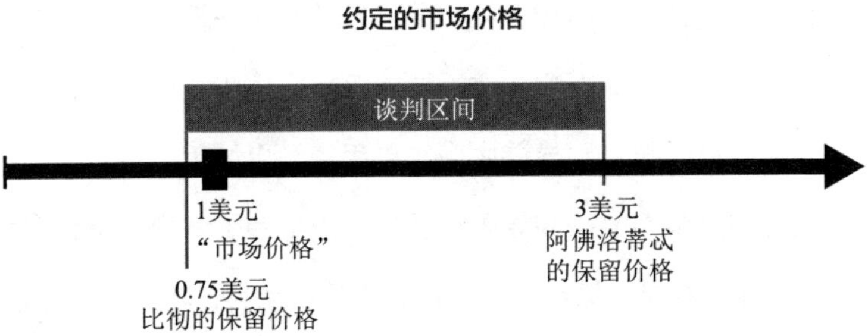

我们仍然可以说玉米的“市场价格”是1美元，但在这种情况下，这种说法有不同的含义。1美元是市场上的惯例价格，但这并不是任何一方的保留价格，因为双方的B计划都不是按1美元的价格进行交易，但双方仍然会以1美元作为参考交易售价。很可能阿佛洛蒂忒和比彻都认为1美元是合理的价格，因为像阿佛洛蒂忒作为买家支付1美元，比彻作为卖家就得到1美元。这就是我说的市场价格具有社会意义。在第一个假设的例子中，我们可以预测阿佛洛蒂忒和比彻会同意以 1 美元的价格成交，尽管在这个例子中，80 美分、1.1 美元、1.4 美元和 2.95 美元都在谈判区间。

法学教授史蒂芬·卢贝特讲述了他访问约旦古城佩特拉的故事，很好地说明了市场价格作为惯例的重要性，即使它与经济没有关联。要进入佩特拉这座古城，必须穿过一条沿陡峭山脉开凿出来的一条一英里长的狭窄峡谷。任何机动车都不允许进出佩特拉，所以穿越峡谷只有步行或者雇一名贝都因导游骑马带你过去。在卢贝特访问的时候，在峡谷入口处骑马往返的票价是 7 第纳尔。游客不一定非要购买往返票，可以直接步行至佩特拉，然后在一天结束时与个别导游协商，单程骑马出城（出城是上坡）。

通过与贝都因的一些导游沟通后，卢贝特了解到，单程出城的既定市场价格是 4 第纳尔。然而，卢贝特认为，随着夜幕降临，城市旅游区即将关闭，导游和游客之间的谈判权会随着市场情况的变化而变化。如果只剩下为数不多的导游，但还有许多疲惫的游客，导游与游客谈判的 B 计划——等另一个更筋疲力尽愿意付高价的游客——将会很强势，这使得他们设定高保留价格，从自身保留价格高的游客那里赚取更多费用。但如果像卢贝特猜测的那样，导游多，游客少，导游们的 B 计划就会很软弱，这使得他们的保留价格低于 4 第纳尔。毕竟，如果一个导游闲着——像最后通牒游戏中的响应者一样——有收入总比没收入好。

在佩特拉经过漫长酷热的一天后，卢贝特更想骑马出城，但是他不介意实施他的B计划——走路出城。因此，他将雇用马匹的保留价格设定在3第纳尔。随着夜幕降临，他看到大量闲散的贝都因导游，但游客不多，他认为导游应该会意识到他们的B计划很软弱，从而降低他们的保留价格，他将能够以3第纳尔甚至更少的钱骑马出城。事实证明不行，无论贝都因导游的B计划多么糟糕，他们都拒绝接受低于4第纳尔的惯例价格。

也许这些导游认为这个疲惫的美国游客最终会让步，支付4第纳尔。也就是说，他们可能试图通过耐心来行使谈判权。但是卢贝特有充分的理由拒绝这一假设，卢贝特重申他不会支付超过3第纳尔，接着便开始步行走出佩特拉，没有回头，一直走到峡谷的尽头。他连续三天都是如此。但是没有任何一个赶马的导游拦下他接受3第纳尔的报价。

更合乎情理的解释似乎是，导游认为4第纳尔的价格是公平的，因为这是惯例，他们认为任何少于这个数额的价格都是不公平的。接受不公平报价的负面效用——卢贝特称之为“骄傲”——超过3第纳尔的效用。结果是，马没有得到充分利用，卢贝特疲惫不堪，尽管他愿意付3第纳尔骑马，但最终只能步行出城。[1]

38
比较点

根据惯例的逻辑，如果提出交易的条款与参考交易的条款相匹配，那就是公平的。然而，由于公平取决于社会理解，因此参考交易从来就没有“正确”或“不正确”一说。重要的是谈判者是否能够说服对方，以往交易的相似性使其成为比较的适当参考点。正因为如此，谈判经常演变成在几个可能的参考交易中讨论哪一个最合适。

例如，假设阿佛洛蒂忒给比彻提供了一家小电商公司营销总监的职位。比彻是阿佛洛蒂忒的最佳人选——事实上，其他候选人她都不喜欢——所以她的保留价格很高。比彻认为这份工作比现有的工作更能发挥他的能力，他对这份新的工作充满热情，所以他的保留价格很低。那合理的薪水是多少呢？

就像很多工作一样，工作与工作之间不完全一样。比彻可能会以其他公司付给相同职位员工的薪水作为适当参考，但是阿佛洛蒂忒可能指出她的公司很小，而且比彻需要管理的预算和人数比大部分营销总监要少。阿佛洛蒂忒可能会认为，更合适的参考交易是她同意支付给公司运营总监的薪水，但比彻可能会力争，他比公司运营总监更有经验，受教育程度更高，所以这种比较并不恰当。

由于谈判环境没有完美的类比，谈判协议很可能要求各方选择一个十分相似的参考交易，然后再根据其他惯例进行调整。例如，根据惯例管理人员的工资部分取决于预算的多少和需要监管的员工的数量，阿佛洛蒂忒可能会提出付给比彻的薪水比大公司的营销总监要少一些。或者在其他条件相同的情况下，承认更多经验和更高学历的员工通常薪水更高这一惯例，比彻可能会提出比营销总监略高的薪水。

在非商业环境中，谈判很可能成为选择适当参考交易的争论。任何有孩子的人都知道，如果你 6 岁的孩子通常在晚上 8 点睡觉，当爷爷、奶奶来看他的时候，他很可能会设法商量晚一点睡觉。你可以合理地要求他晚上 8 点睡觉，因为这是你们家的标准睡觉时间。但是如果你上周允许他看一个特别的电视节目到晚上 9 点，可以肯定的是他会将你上周的许可当作更合适的参考交易点，而这与爷爷、奶奶的到来可能没有关系，爷爷、奶奶的到来只是特殊事件。任何能说服对方，而且首选的参考交易更接近爷爷、奶奶到访的一方将会控制睡觉时间。

当然，参考交易是否合适并不总是可争论的。在许多谈判中，参考交易与焦点谈判是如此相似，以至于大部分或全部公正的观察者都一致认为，实现公平只需要照搬参考交易的条款。在这种情况下，谈判协议通常很容易达成。我们来看看在线杂志Slate.com上“谨言”建议专栏收到的一封来信。这名咨询者是一名女性，她参加了一次专业会议，应公司人力资源部门的要求，同意和另外一名女同事共享一个酒店房间（甚至一张床）。会议结束后，她了解到参加了同一个会议的两位男同事没有被要求共享一个房间，而是单人住宿。她就如何处理这个问题寻求建议，因为另一个会议的筹备工作正在进行。

建议专栏作家艾米莉·约菲建议来信者据理力争说公司与男性参会者之间的协议可以用作参考交易：“告诉人力资源部门，既然公司的男同事有单独的房间，在下班时间，你也需要隐私，也需要这种（基本的）待遇。”[1] 我认为公司想不出一个好的借口，为什么参加同一个会议的男同事的住宿条件不能用作参考交易。我敢打赌，来信者为下次会议争取一间私人房间的谈判是她参加过的最快、最成功的谈判之一。

我们可以将“谨言”专栏来信中的情况与直觉上看似不可能

的参考交易进行比较。从1994年开始，情景喜剧《老友记》成了那个时代最受欢迎的电视剧之一。1998年，当广受欢迎的《宋飞正传》停播后，《老友记》成了NBC电视网每周四晚间收视率最高的王牌节目，被称为“必看电视节目”。在《老友记》第八季成为黄金时段收视率最高的电视节目之后，由于该剧六位主演的出镜时间接近，演员们发现他们可以在与NBC的片酬谈判中运用诸多谈判权策略。在第一季中，演员们每集的片酬是2.25万美元，在最后的两季中，演员们谈判后的片酬达到惊人的每集100万美元。[2]

《老友记》最后一季（2003—2004年）播出期间，NBC周四晚播出了一档新的真人秀节目《学徒》，由傲慢的纽约房地产大亨唐纳德·特朗普主演。节目中的参赛者参与了与商学院项目类似的各种任务，最后胜出者被特朗普选中担任一年的实际学徒。《学徒》一炮而红，替代了《老友记》的地位，成为NBC每周四的王牌节目。[3]

不管你对特朗普作为总统怎么看，但作为艺人的他广受欢迎，为NBC赚了很多钱，所以分配正义（具体来说，公平原则）表明要将第一季每集5万美元的片酬提高对他来说是公平的。但是提高多少呢？根据《华尔街日报》的报道，特朗普听说（错误地）《老友记》的六位主演每人每集的片酬是150万美元，每集的总片酬为900万美元。在《学徒》中，主演只有特朗普一人，每集的时长是《老友记》的两倍，因此特朗普要求每集应得的片酬是 1800 万美元。“这看起来很公平。”他说。[4]

《学徒》的制片人不买账，大概是因为《老友记》连续播出了 10 年，不是 3 个月，通过联合播出一定会获得数十亿美元的收入，还有一些其他原因。在《学徒》第二季中，特朗普的片酬提高到 10 万美元每集。[5]对大多数人来说，这是一笔不小的数目，但这与 1800 万美元每集相差甚远。

值得注意的是，惯例对公平的重要性可能会对交易设计工具的使用造成障碍。回想一下“交易设计”需要谈判人员确定在何种情况下同意非惯性条款会增加因达成协议而产生的合作盈余。当协议条款因为惯例而被视为公平，谈判中的一方提议改变交易结构时往往会被对方以公平为由加以抵制。例如，如果买方特别讨厌风险，而卖方对其产品质量特别有信心，那么较长的保修期可以使交易价值最大化。但如果较短的保修期是行业标准，一项包含较长的保修期的交易提议可能就很难被接受。为避免遭到反对，可以在其他问题上做出让步，以换取更长的保修期：“如果你愿意延长保修期，我今天就付款，而不是三个月后。”这种策略往往能够成功，因为以一种让步换取另一种让步满足了程序公平原则，具体分析参见下一章。

39
集市之舞

在巨蟒组的经典闹剧电影《布莱恩的一生》中，主人公发现自己在圣经时代的耶路撒冷集市被罗马士兵追赶，他们误以为他是耶稣，并要将他钉死在十字架上。为了逃跑，布莱恩急需伪装，他看到一个商人在卖一副看起来很滑稽的假络腮胡，于是他停下来询问这需要多少钱。

商人回答 20 谢克尔，布莱恩立即同意了，并试图给商人一个硬币。但是愤怒的商人没有拿钱，而是拒绝了布莱恩，认为他没有讨价还价。布莱恩说他没有时间讨价还价，商人变得更加愤怒，并向身边其他人抗议说布莱恩明显违反了集市的规则。然后商人转过身向布莱恩解释："现在，我想卖 20 谢克尔，你是在告诉我它不值20谢克尔吗？你看看，摸摸这质量。”

很明显，布莱恩很着急，不知所措的他出价19谢克尔。不幸的是，商人仍然不满意，强迫布莱恩要“适当地讨价还价”。布莱恩突然明白了过来，出价10谢克尔。讽刺的是，这次出低价却让商人很开心。“这还差不多。”商人鼓舞地说道。突然，商人话锋一转，大声抗议，周围的人都听到了：“10谢克尔？你在侮辱我吗？”

他们进一步讨价还价了几个回合之后，商人要布莱恩付14谢克尔。当作为逃犯的布莱恩越发绝望地照做的时候，商人又说：“17谢克尔，不再讨价还价，一分不少，否则你打死我！”布莱恩还没来得及反应，商人又说15谢克尔成交。[1]

这个滑稽的场面很有意思，因为不管谈判的方式有多么无厘头，几乎每一个看客在某种程度上都参与了这种类型的谈判，只是没这么夸张。谈判是这样的：首先，交易双方最初的要求和提议有时是荒谬的，通常很极端，而且总是咄咄逼人。其次，双方都试图——有时是敷衍了事，有时是大张旗鼓——宣告自己咄咄逼人的需求就是（或接近）他们的保留点，因此几乎没有期待交易会取得任何合理的进展。这种半心半意的虚张声势很快就被抛弃，随着时间的推移，谈判者不情愿地调整了他们的需求，他们之间的距离逐渐缩小，彼此间的讨价还价就像打乒乓球一样来回搏杀。最终，双方在两个原始位置间的某个点达成协议。

决策理论家霍华德·莱法将这种“双人舞蹈”称为谈判之舞。[2]对许多人来说，想到“协商”这个主题时，他们脑海中出现的第一印象就是谈判之舞。一个全能型谈判者必须能够跳这种“舞蹈”，因为至少在某些情况下，从讨价还价的过程中产生的协议似乎是公平的。

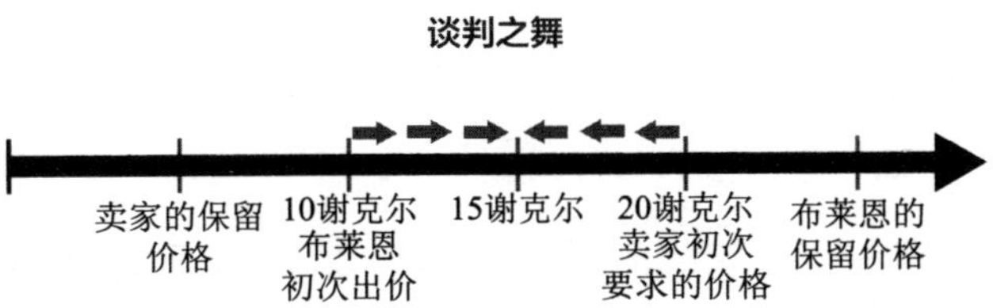

为什么会这样呢？正如《布莱恩的一生》中描述的那样，谈判之舞是对时间和精力的巨大浪费。谈判者为什么不直接切入正题，达成协议条款呢？

答案就在于互惠带来的巨大社会力量，这一人类交往的原则要求我们对别人的礼物或者善意予以回报，做到公平。一份生日礼物或一次晚宴邀请会引起大多数人同样的回应，而且当你收到不在你礼物清单上的人的节日贺卡时，看似小事，但会引起人内心的痛苦。20 世纪 30 年代，富勒牙刷厂的上门销售人员挨家挨户赠送了数百万个清洗蔬菜的“便利刷子”，好让家庭主妇愿意听他们推销。[3]如今，各种慈善机构都通过邮寄小礼品，通常是标签或者其他小饰品，目的就是利用互惠原则，让收件人觉得有义务捐赠予以回报。根据社会学家的说法，互惠原则在大多数（即使不是所有）文化中都根深蒂固，这意味着在人类的进化历史中，可能都遵循着互惠原则，社会合作通常是避免饥饿的必要条件，遵循互惠原则的人比那些只索取而不回报的人更具备生存优势。[4]

互惠原则之所以在谈判中如此重要，是因为它可以为达成合作盈余的特定分配提供充分的程序正义。也就是说，如果谈判双方互相让步，直到他们的提议趋向一致并达成协议，即使双方最后达成协议的点没能做到实质性公平，比如分配正义或惯例，这种协议往往看起来也是公平的。

互惠可以打破分配谈判中针对单个问题的僵局。可能是针对某个商品或服务的价格，就像在《布莱恩的一生》中，当布莱恩最终知道该如何讨价还价之后，他提高了自己的报价，商人降低了他的要求，他们很快就达成交易。当然，谈判针对的问题也可以是八字须。

1978 年，华纳兄弟电影版的《超人》正在制作中。这部电影开启了一个尚不知名的演员克里斯托弗·里夫的演艺生涯，他不但扮演了主角，而且由好莱坞明星马龙·白兰度饰演超人的父亲，吉恩·哈克曼饰演超人的邪恶对手莱克斯·卢瑟。哈克曼的百万美元合同中并没有规定他必须为饰演卢瑟在外表上做出改变，当导演理查德·唐纳解释道，卢瑟必须是光头无须时，哈克曼坚决拒绝为拍电影剃头或剃胡须。

唐纳通过在不同的场景中为哈克曼塑造不同的发型解决了第一个问题，并利用一个场景中使用的无边便帽来模拟秃顶，将卢瑟塑造成戴各种假发的人物。但是导演坚持要求哈克曼剃胡须，哈克曼则坚决反对。唐纳让他的化妆师为他自己画了尽可能逼真的小胡须供开拍当天使用。唐纳把假胡子贴到上唇后，去化妆室见了哈克曼，并再次要求哈克曼剃胡须。当哈克曼再次拒绝时，唐纳主动提出把自己的（假）胡须剃掉，作为回报，哈克曼要把自己的胡须剃掉。尽管哈克曼很不情愿，但最终还是同意剃掉胡须。令哈克曼惊讶的是，在制作人员剃掉了他的胡须后，唐纳撕下了自己的假胡须。[5]

尽管吉恩·哈克曼对唐纳坚持要他剃得干干净净才最符合卢瑟的角色，但他对此不以为然，但他发现，当导演承诺剃掉胡须时，他再也没法拒绝剃掉自己的胡须。

互惠不一定要求让步的交换条件是同类型的。在一项实验中，心理学家丹尼斯·里根将两名“学生”组成的小组组织起来，并让每组人一起完成一项任务，但受试者不知道的是，每个小组有“乔”——一个为实验工作的有偿演员。在所谓的实验休息期间，乔离开了房间。有一半的时间，他两手空空地回来。另一半时间，他带回来两瓶可口可乐，一瓶自己喝，另一瓶给受试者喝。后来，在另一次“休息”时，乔向受试者解释说，他在卖彩票，如果他卖得最多，就可以赢得奖金，然后他要求受试者买点彩票，这些彩票比他之前给的可口可乐还要贵。之前得到过可口可乐的受试者买的彩票是控制组受试者的两倍。[6] 最近，类似的实验发现，当实验者的助理假装成受试者在实验间歇的“休息”时间给受试者带回一瓶水时，受试者在助理的要求下，同意稍后填写一份与实验无关的调查问卷的可能性是其他情况的三倍。[7]

互惠让步也不一定要价值相等才被认为是符合公平原则的。如果阿佛洛蒂忒周末要外出度假，她想雇用比彻在她外出期间照看她的猎犬赫敏。这项服务对阿佛洛蒂忒来说值 60 美元，而比彻认为 35 美元就足矣。比彻通常会在周末接收一些狗狗，并收取 50 美元的看管费用，双方都认为这是个公平的价格。阿佛洛蒂忒知道自己要急着出城，所以她问比彻是否愿意在周末早上来她家接赫敏。这对阿佛洛蒂忒值 25 美元，比彻也很容易做到，因为他就在附近遛狗。与此同时，比彻问阿佛洛蒂忒是否能先给赫敏洗个澡。干净的宠物会让这项工作稍微舒心一点，比彻的保留价格从 35 美元减少至 30 美元。阿佛洛蒂忒表示同意。

互惠让步对阿佛洛蒂忒的好处多于对比彻的好处：她的保留价格从 60 美元增加到 85 美元，而比彻的保留价格从 35 美元降到 30 美元。比彻可以要求一笔附加费用，让双方的让步价值相等。具体来说，他可以要求阿佛洛蒂忒给赫敏洗澡，并额外支付 10 美元，这样比起基准协议，双方就可以享受 15 美元的合作盈余。为了平衡利益的价值，有时会增加附加费用，但是依据我的经验，只要一项让步以某种形式得到回报，双方就更可能忽略价值上的差异，并考虑达成协议。也就是说，在相互妥协的情况下，谈判者通常可以接受顺其自然获得利益，尽管如果利益太不公平，获利较少的一方可能会要求对方让两步，自己让一步。

作为公平规范的互惠原则如何得到最有效的利用取决于社会环境，这一点也不奇怪。在美国，绝大多数寻求金钱赔偿的诉讼都是通过协商解决的，而不是通过法官或陪审团裁决的，而且几乎所有的这些诉讼都涉及谈判之舞。按照惯例，双方的初始报价相差甚远，这意味着一方或双方的让步必须是实质性的，才能最终达成协议。

律师丽莎·科勒曼是就业纠纷案件的调解人（她有偿帮助调解双方及其律师达成和解），她与合著者丹尼尔·科勒曼分析了她四年以来调解过的案件。她发现，平均而言，原告首次提出的诉求是被告首次提出的提议价格的 68 倍。换句话说，谈判一开始，原告通常可能要求 68 万美元来解决这个案子，而被告通常只会提出支付 1 万美元。令人惊讶的是，即使存在这种巨大差异，科勒曼的几乎所有案子也会庭外和解。[8]

当就业律师一开始就提出双方的差异达到 68 倍时，这是谈判开始的信号。但如果你去一家汽车经销店，提出按车窗上标价的 1/68 的价格买车——你一开始就提出拿 500 美元购买标价是 3.4 万美元的车——很可能对方都懒得还价，更不用说最终达成协议了。不过，你可以按比标价少 5%~10% 进行砍价。为了成功地推进谈判，谈判者不仅必须知道互惠是按照公平规范运作的，而且还必须了解相关的社会惯例，例如，如何开始谈判，谈多长时间，谈判的步骤。

在某些情况下，有关公平的社会共识甚至会阻碍出现谈判之舞。今天，在耶路撒冷老城的摊位上，讨价还价仍然是常态，就像《布莱恩的一生》中描述的那样。但是在工业化世界的超市里，谈判之舞就得让位于这样的规范——商家标出价格，顾客要么接受，要么拒绝。你可能认为超市的牛奶价格太高，决定不买，但是我敢肯定你不会和收银员讨价还价。更重要的是，如果你还个低价，结果发现收银员用疑惑的眼神盯着你，并拒绝讨价还价（他肯定会那么做），你可能不会认为自己受到了不公平对待。

在有关谈判的文献中，这种要么接受要么放弃的不可谈判要求的策略被称为博尔韦尔主义，是以著名的管理方劳工谈判专家莱缪尔·博尔韦尔的名字命名的，他因使用这种策略对付他所在的工会而闻名。[9] 尽管博尔韦尔主义在劳资谈判中的名声不佳，不仅会引起不满，还可能违反联邦劳动法，但它显然是其他许多情况下的标准谈判方法，包括在美国的超市。全能型谈判者要认识到博尔韦尔主义是一种承诺策略，可以归类为谈判权策略的一种。博尔韦尔主义是会被无奈地接受，还是会因违反公平规范被人愤怒地拒绝，这取决于实际情况是否要求进行谈判之舞。

既然实际情况对谈判之舞是否合适如此重要，那么谈判各方就有不同的社会期待，出现争论也就不足为奇了。被称为“礼仪小姐”的咨询专栏作家朱迪思·马丁曾经收到一位恼怒的古董商的来信，因为有些顾客不愿意按照商品标签价格付款，试图讨价还价。“当我告诉顾客商品价格之后，他们总是试图和我讨价还价，问‘最低多少钱能卖’或‘底价多少能卖’，”这位懊恼的古董商写道，“曾经有一个意大利顾客问‘底价多少’，我回答‘那就是底价’。”

因为卖家是根据美国超市的社会惯例进行谈判的，而顾客认为所谈论的商品更适合用耶路撒冷集市的规范进行讨价还价，所以他们就会心生反感。客观上，无论是商人，还是顾客，都没有对错，他们只是在内心按照不同的公平规范进行谈判。除非商人或者顾客能够说服对方，他们所喜欢的程序规范在特定情况下是公平的，否则他们不可能达成交易，即使这样做可以产生合作盈余，并使双方在物质上得到改善。

40
位置决定立场

公平在谈判中的作用由于各种相互冲突的规范而变得复杂，这些规范可能适用任何特定的环境。更复杂的是，我们往往认为对我们有利的条件一定是公平的。

研究表明，我们对公平的看法受到自私偏见的影响，这与乐观偏见密切相关，从而导致我们大多数人高估自己的能力和未来的前景。这意味着，一般而言，我们会真心相信，与导致更多不利结果的协议条款相比，对我们有利的条款更客观公正。[1]

我们来看一个简单的例子：若干组实验对象被给了一罐钱供他们分配，每个人分到多少取决于任务中每一位受试者的表现。表现较好的受试者更可能采用公平原则，建议根据每位受试者的表现来分钱，而表现较差的受试者更可能提议平均分钱。[2]

同样可以预见，卖家比买家更容易认为提高商品的名义价格以反映通货膨胀的做法是公平的。与老板相比，工人们更容易觉得将较高工资的同事而不是较低工资的同事作为工资参考更公平。青少年认为的公平是他们能够享有他们朋友中那些最宽松的父母给予他们朋友的特权。“你的位置决定你的立场”[3]这句古老的政治格言经常适用于谈判中的公平要求。

如果谈判者认为对方在不诚实地使用“公平”一词来获取战略优势，那么这种公平感可预见的差异就会加剧达成协议的难度。例如，共和党和民主党针对税率的谈判尤其令人担忧，因为民主党认为共和党利用公平做烟幕弹牟取私利，而共和党认为民主党想趁机向富人征税。如果出现冲突，双方都不会认为对方的立场（通常）源于分配正义。

当谈判者认为对方的公平主张不是出于善意时，他们就不大可能做出有效的回应。例如，如果阿佛洛蒂忒试图行使谈判权策略（“100 美元，少一分都不卖”），善意的回应可能是比彻最好的策略（“25 美元，多一分都不要”）。相比之下，如果阿佛洛蒂忒用公平规范来证明她的要求是合理的（“我要求 100 美元，因为这类物品通常要卖这么多钱”），比彻最好是的方法是挑战阿佛洛蒂忒提出的参考交易（“那些卖 100 美元的商品材质更好”）或者提出另一种公平规范（“超过 50 美元，我不买”）。但是如果比彻错误地认为阿佛洛蒂忒认为100美元的价格不公平，他很可能就会以威胁的方式回应（“25美元，多一分都不买”），这对阿佛洛蒂忒似乎是不公平的，并且可能最终导致本可以避免的僵局。

防止在公平问题上不可避免的分歧演变成难以解决的冲突的一个重要原则是，不要把自私的偏见和不诚实等同起来。

工具五的关键点

- 当在谈判区间内可以达成多个不同的协议时，谈判者可以使用公平规范确定特定的协议。
- 因为谈判既是一种社会互动，也是一种战略互动，谈判者往往会选择陷入僵局，而不会在他们认为不公平的情况下在谈判区间内达成协议。
- 分配正义的公平规范——以及公平、平等和需求等原则——可以用来证明基于谈判者之间的利益或负担分配的协议是合理的。
- 惯例的公平规范是用来证明基于谈判者和类似处境的第三方——通常是过去已经达成协议的谈判者——的协议。对惯例的成功诉求要求就哪些参考交易最类似于焦点谈判达成一致意见。
- 互惠的公平规范，通常表现为谈判之舞，是用来证明基于程序的协议，避免了各方需要就什么协议条款是实质性的公平达成共识。
- 与其他潜在协议相比，谈判者往往会认为对自己有利的协议更公平，这很难确定对方使用公平规范是出于善意，还是仅仅出于战略目的。

谈判工具的应用

41
一套完整的谈判工具

其实，谈判是一项几乎无限复杂的活动。谈判的主题与人类的经验本身一样变化多端，从来没有两个谈判的背景是完全相同的，谈判者选择的最有效策略取决于其对手的选择。

但从谈判步骤上来看，谈判又是简单的：确定谈判区间值，扩大谈判区间，分配合作盈余。谈判的五个工具可以帮助你实现这一点，并且在有限的条件下获得最好的结果。

工具一：谈判区间分析。这一工具可以让谈判者确定双方胜过陷入僵局的潜在协议范围。通过适当地设定自己的保留点，谈判者要确保正确地做出是否达成协议的决定，从而避免犯下谈判中的两个大忌：同意一项比僵局更糟糕的交易或者没有达成一项比僵局更有利的交易。通过尽可能精确地估计对方的保留点，谈判者可以对是否以及如何使用其他谈判工具做出更明智的判断。如果一开始就没有谈判区间，可以利用说服和交易设计工具来创造谈判区间。如果有较大的谈判区间，可以更积极地利用谈判权和公平规范工具获取尽可能多的合作盈余。

工具二：说服。这一工具是指谈判者让对方相信达成协议比对方之前想到的方案更可取。这可以改变对方的保留点，在本来没有谈判区间的情况下创造一个谈判区间,使达成协议成为可能，或者扩大谈判区间，创造更多的合作盈余。

工具三：交易设计。这一工具可以帮助谈判者构建一个协议，使协议产生的总合作盈余最大化。说服工具通过改变价值观念来扩大谈判区间，而交易设计工具通过以互惠互利的方式构建协议来创造额外价值。通过增减事项或相互妥协，谈判双方改变保留点以展示更大谈判区间内完全不同的协议。

前三个谈判工具可以让谈判者确定、改变以及重新定位谈判区间，这既增加了达成协议的可能性，又使谈判者有了获得尽可能多的合作盈余的基础。但是没有任何一种工具可以确保谈判者将获取任何特定数量的合作盈余。在谈判区间内达成一项协议需要谈判者说服对手相信不仅存在谈判区间，而且应该接受合作盈余的特定分配。

工具四：谈判权。这一工具使谈判者通过或暗或明的威胁获取合作盈余，也就是说，除非对方接受己方要求的谈判让步，否则谈判者不会接受协议。为了使这种威胁看起来可信，谈判者可以通过改进 B 计划，让对方相信 B 计划更可取，或者说服对方自己不会或不愿接受更少的合作盈余，即使这样做似乎符合谈判者的利益。

工具五：公平规范。这一工具可以让谈判者在社会对公平理解的基础上确保特定协议的公平，这会影响谈判双方对可获得合作盈余的分配。基于谈判者之间的公平，相对于其他类似谈判方的公平或者谈判过程的公平等竞争规范对合作盈余的分配有不同影响，所以成功取决于说服对方在特定情况下的某一特定原则才是最合适的。

每一种能够帮助谈判者达成可能的最佳交易的策略都使用了五种谈判工具中的一种：

- 了解谈判的状况；
- 提升你所能提供的价值；
- 尽可能设计最有价值的交易；
- 使对方在价值上做出大幅让步；
- 运用技巧，友好地分配利益。

这些是成功谈判的所有工具。全能型谈判者应掌握五种谈判工具，并灵活应用。

42
五种谈判工具的综合运用：案例说明

假设你正在考虑卖掉你那辆开了将近五年的丰田普锐斯。这款车性能可靠，混合动力引擎也很环保，但是你一直在想，是时候换一辆百公里加速不到5秒的车了。也许某些更具风格的东西不是世界上最糟糕的。事实上，在你经常经过的一家当地汽车经销商的停车场上，你已经看中一辆新的敞篷车。

上周，你在普锐斯的副驾驶座的窗户上放了一个牌子，上面写着“车主直售”，并附上了电话号码。几天后，当你把车停在7-11便利店去买思乐冰的时候，旁边一位在给她那辆笨重的黑色SUV加油的女士注意到你车窗上挂的牌子。当加油泵上的刻度盘指向90美元时丝毫没有停下来的迹象，这时候那位女士向你打招呼，说她叫希拉，并告诉你她对你那辆普锐斯感兴趣。那天晚些时候，她给你语音留言。结果发现她住的地方离你就几个街区，于是你同意周四晚上在附近的星巴克同她见面，看是否能够达成交易。

在你为见面做准备时，你可以从谈判区间分析开始。第一步是确定你的 B 计划，把车卖给经销商（这是最简单的选择），或者在网上打广告，试着把车直接卖给个人买家（这样价格可能会更高）。因为你和我一样小气，所以你决定自己卖车。

在互联网上动动手指，你就可以获得大量信息，这对你在相当短的时间内设定保留价格很有帮助。你可以从一些网站的汽车经销商和私人买家那里获得估价。输入汽车里程和车况，其中一家网站给出了私人买家的估价为 1.2 万美元。

由于二手车通常是在本地买卖，你可以通过查找你所在城市的二手车销售信息来提高估价的准确性。查看了几个网站上的卖车广告，不到 30 分钟你就能知道只有几辆类似的车在出售，价格为 12200~12800 美元。这令人鼓舞，但你意识到有些车的价格可能虚高，即使是价格更低的还要经过讨价还价。有了这些信息，你可以预测你的 B 计划是卖 12200 美元，这是你保留价格的基准线。

更难的问题是，你应该在基准价格的基础上调整多少来确定你的保留价格。首要的问题是，虽然 12200 美元可能是你估计能够卖出的最好价格，但它也许是错误的。也许此刻没有买家愿意支付那个价格，不管卖家在他们的广告中的要价是多少。为了获得确定的交易，少 300 美元可能是可取的。

把车卖给希拉也会节省你的交易成本，无论是时间，还是金钱。在电脑上浏览一番之后，你确定在两个网站投放广告要花 200 美元。如果免去投放广告，安排看车，以及省了和多个古怪的潜在买家洽谈的麻烦，对你来说值多少钱？这显然是一个主观问题，但是在考虑了可能发生的一系列情况之后，你确定避免这种糟糕的情况额外值 500 美元。

最后一个问题，就是把车卖给一个你之前从未见过面的邻居，而不是完全的陌生人，帮助她摆脱那辆糟糕的 SUV 之苦对你来说值多少钱？你觉得这种情况不值什么钱，但是你愿意少 50 美元和一个你可能在家庭 – 教师协会或邻舍辅导会上见过面的人达成确定的交易。对比了你的 B 计划，再综合这些达成协议的好处之后，最终你把保留价格定在 11250 美元。只要对方出价不低于这个数，你就会把车卖了。如果低于这个价格，你就会拒绝交易，而且至少在目前，你可以与绿色和平以及塞拉俱乐部的人保持良好沟通。

你估计希拉的保留价格是多少？她可以选择从汽车经销商或者私人卖家那里买一辆省油的车，也可以继续开自己的 SUV。你不确定这些替代方案中哪一个是她的 B 计划，但是你现在可以做一些试探性的假设，并在你与她见面谈判的时候试着确认。如果她有兴趣从经销商那里买一辆普锐斯，那她可能早就买了，所以这不大可能是她的B计划。如果她的B计划是继续开现在的SUV，那就很难估计她购买你的车辆的保留价格。她的保留价格可能很低，也可能根本没有谈判区间；如果她特别热衷于更加环保的驾驶体验，她的保留价格也可能很高。当你们谈判的时候，如果她表现出对二手车市场一无所知，你可以判断她没有B计划，那么为了评估她的保留价格，你有必要获得更多关于她的偏好方面的信息。

如果希拉了解二手车市场，她最有可能从其他卖家那里购买一辆类似的车。如果真是这样，她可能会估计自己要花12200美元买一辆类似的车。你不应该假设她从你这里买车的价值会超过另一个私人卖家，但是她不需要去寻找其他陌生的二手普锐斯卖家，不用在城市穿梭试驾，并和车主讨价还价，这对她来说可能值得。在没有具体信息的情况下，对此你估价500美元是合理的，这意味着希拉的保留价格将是12700美元。综合这两项预估，可以预测谈判区间为11250~12700美元。

到了周四与希拉见面时，你可以问一些问题来试探她对其他选择的看法，这将帮助你更好地估算她的保留价格。你可以先问她考虑买普锐斯有多久了。她告诉你，这个想法在她脑海里浮现了一段时间，但是并没特别留意这方面的信息。当她看到你贴的售车牌子时，她才决定换车。她还提及今天早上她在网上快速搜索了一下当地的二手车经销商，大致了解了二手普锐斯的价格。

这些信息告诉你，如果希拉不买你的车，她可能也不会买别的车，但你此时应该假设希拉的B计划是从经销商那里买一辆二手普锐斯，这需要重新评估她的保留价格。根据你的分析，你知道对于类似的普锐斯，经销商的报价大约是13000美元，所以假设这是她的基准价格。从私人卖家那里买车比从经销商那里买车麻烦，所以由于这种不便，从你这里买车给希拉带来的溢价只值250美元（而不是你最初估计的500美元）。此外，经销商通常会为其二手车提供保修，这比从你这里买值750美元。因此，根据新的信息，你将你对希拉可能的保留价格估计修改为12500美元（13000+250–750）。

更好地了解希拉购买普锐斯的兴趣将有助于更有效地使用说服和交易设计工具，所以你在开始谈话时就可以问她为什么决定买普锐斯。她告诉你说她厌倦了每周要花100多美元来给她的SUV加油，而且她真的不需要SUV提供的额外空间和动力。在这次简单的谈判中，对方的利益看起来很明显。人们出于许多原因购买油电混动汽车，一些想买普锐斯的人更关心燃油成本，而另一些人更关心对避免全球变暖的贡献。花点时间发现希拉属于前者，这对制定说服策略很有帮助。

你接着问希拉她通常一年开多少英里，属于哪种驾驶类型。

你发现她儿子刚刚大学毕业，正准备搬去300英里外的城市，她预计会频繁地开车来回。她告诉你，事实上，她这个星期六上午要开车帮助他儿子买一套公寓。为了你们的共同利益，这一信息将会帮助你有效地使用交易设计工具

为了提高希拉的保留价格，你最直接的说服策略是向希拉传递所有你知道但她不知道的信息，表明购买你的普锐斯将好于追求她的B计划。你首先解释你开了近5年的普锐斯的里程数较低，从未出过事故，并且你已经完成所有厂家推荐的保养并更换了机油（有记录证明这一点）。另外，因为你的车还有几个月就满5年了，制造商5年的动力传动保修仍然有效，万一现在或者不久的将来出现严重的问题，这也能够让希拉省心。由于你对从经销商那里购车没有特别的了解，你决定不对她的B计划做任何负面评价。

你还想建立参考点，让普锐斯相比之下显得比较理想，即使参考点与希拉的B计划无关。你开始比较希拉每周要花100多美元加油，而你每隔一周才花40美元加油，然后问她的SUV的油耗一般是多少，并且让她知道你的车在高速上每加仑汽油能跑50英里。

然后你让希拉试驾车辆，这样她不仅可以亲自体验良好的车辆性能，而且可以让她开始认为这就是属于她的车，而不仅仅是她众多可能选项中的一个。在你们走出星巴克之前，把钥匙给她，

问她最喜欢的广播电台是什么，这样你可以帮她调好。在试驾过程中，你要指出普锐斯的动力比大多数人预想的要足，并告诉她，这款车很环保，开起来的体验也很好。试驾结束时，希拉似乎对车子很满意。此时，你估计她的保留价格——不管她是否真的关注车子的确切价值——可能是13000美元左右。

你建议回到星巴克进一步交谈（你点咖啡——这个小举动可能会触发互惠规范，至少增加希拉对你的喜欢程度）。接下来你问希拉是否对车子感兴趣。她回答说是的，然后问你打算卖多少钱。社交规范表明，在汽车销售交易中，卖方通常以问价的形式提出报价，如果你建议让希拉率先提出报价，事情会很尴尬。无论如何，因为你对希拉的保留价格有一个很好的估计，在这种情况下，你率先报价会有优势。

你回答："我打算卖13000美元。"你解释说，类似的车辆广告上打出来的价格为12500~12800美元，但是大部分车辆的里程数比你的要高，再加上它们不大可能像你的车一样从未维修过。你告诉希拉你是最近才把出售标志贴在车窗上的，你还没给车辆打广告，但是在她打电话之前，你正想着这个周末在网上打广告。

这一建议利用了三种工具。第一，它通过设定13000美元的高锚定值使用了说服工具，这可能会微妙地影响希拉认为这辆车对她来说值多少钱。通过暗示如果她不马上买你的车，你会尽快在更大范围为车辆打广告。你还希望用诱惑抵抗原则来提高车子对她的吸引力——如果她不迅速购买，可能就被卖掉了。

第二，为了行使谈判权工具，你想让希拉相信你的保留价格很高——接近13000美元，而不是11000美元。你不会声称你比实际情况拥有一个更理想的B计划，如果这样，就意味着确定有人愿意高价买你的车。对希拉说这样厚颜无耻的谎言很明显道德上有问题，而且做虚假声明也会有实际的不利影响。首先，希拉可能不会相信你，这会削弱你所做的其他声明的可信度，比如关于车子质量的声明。如果真的有人愿意出经销商报出的售价，你可能早就卖了，就不用晚上出来和她谈判了。其次，如果希拉确实相信有人愿意出13000美元，而这个价格高于她的保留价格，她很可能会得出结论，没有讨价还价的余地，于是结束谈判。

然而，率先提出高报价可能产生一些谈判权，避免这些风险。当你要价13000美元时，希拉可能会推断你的保留价格不到13000美元，但是她可能会相信你的保留价格远远高于11250美元。如果你乐观地表示你可以通过追求B计划将车卖到13000美元，并且表现得很积极，也可能会让希拉相信你的保留价格比实际价格要高一些。

第三，你的做法是在试图构建对你有利的实质性和程序性的公平规范。通过参照同类汽车的广告价格，你可以使用“市场价值”惯例来证明你的要价的合理性，以便让希拉能够接受你的报价。在谈判中，如果谈判双方没有既存关系，也不经常参与这类谈判，相关的程序性公平规范可能是模糊的。具体来说，我们不确定希拉是否会认为她是该接受还是拒绝你的报价，或者认为还价是否合适。也就是说，你不知道希拉会采取集市规则还是超市规则。如果她采取后者，她可能会接受你的最初报价，不会试图要求更多的合作盈余。

希拉考虑了你的提议，然后告诉你 13000 美元超出了她的预算。根据惯例，私人卖家的二手车价格要低于经销商的价格，她指出 13000 美元基本是经销商的价格。尽管你的汽车的动力传动系统仍在保修期，但是汽车经销商通常会在保修期的基础上再延长 90 天。希拉还说，在她卖掉现在的 SUV 之前，很难拿出那么多现金，她特别说需要钱给儿子买房——这一声明可以理解为使用了谈判权（她没有足够的钱来支付你报的价格，所以她不会买）或寻求分配正义原则（你应该做出让步，因为她需要钱）。

她的回答没有明确拒绝，让你相信你的报价要么低于她的保留价格，要么仅略高于她的保留价格。如果你坚持，她可能最终会同意支付 13000 美元。另外，僵局是绝对可能的，你的报价可能超出谈判区间的范围。有一点希拉在理，但你没有充分考虑，那就是即使你的汽车仍在保修期，她从经销商那里购买可以有更好的保修条件，将会为汽车买家面临的逆向选择风险提供更好的保障。她可能认为其中的差异足以让她的保留价格低于13000美元。另外一个问题就是，即使你的报价恰好落在谈判区间，既然希拉已经表示反对，她会认为你不相应地做出一些让步违背了程序性公平规范，这可能会使她放弃交易。这个交易肯定有谈判区间，而且你也不想冒险犯谈判的第二个大忌，所以这就有机会使用交易设计策略来扩大谈判区间，确保你们能够达成交易。

综合考虑之后，你提出以下建议：你重申你的报价还是13000美元，但是你愿意立即把这辆普锐斯交付给希拉，这样她就能在这个周末开车去她儿子那里。如果因为任何问题对车子不满意，你会退还所有的钱，只扣除100美元作为周末的车辆使用费。最后，你愿意接受先付10000美元，剩下的3000美元可以推迟一个月付。

与希拉的预期相比，这三项协议条款的修改应该会大大增加谈判空间。其一，她能驾驶普锐斯进行她的公路之行，这是她选择B计划无法获得的好处（因为她还得去其他地方购车，才可以开），并且将为她节省大约100美元的油费。其二，她能够用整个周末来验证汽车的质量，这大大降低了她可能面临的逆向选择风险，这对她来说至少值几百美元。其三，如果她对短期现金流的担忧是真的，那么推迟支付部分款项应该也会带来可观的价值。

对协议结构的改变会给你带来一些成本，所以重新设计交易的保留价格会高于原来的保留价格，但是成本并不高。你这个周末也没什么重要的计划，两天不开车也可以很轻松地应付过去。最坏的情况，你可能会花50美元用优步出行。把车整个周末给希拉开，然后归还，这在理论上会造成道德风险的担忧（知道她会还车，如果开车不小心怎么办），但希拉这个中年邻居看起来很负责，所以这种风险看起来很低。她不可能付了钱把车开走不还给你，如果她真那么做了，你的情况也不会比现在更糟糕。另外，3000美元延期一个月付款不会给你带来任何麻烦。理论上，你可能遇到各种问题，但风险似乎都很低。

根据你的计算，重新设计后的交易保留价格是11500美元（增加250美元），而修改后的交易对希拉来说至少增加了500美元的交易价值，这使得她的保留价格轻松超过13500美元。你的提议会使你获得1500美元的合作盈余，同时仍然给了希拉至少几百美元甚至更多的合作盈余。此外，你提出的一系列让步应该可以满足希拉由于担心程序公平而产生的任何犹豫，互惠规范会使她做出让步。

希拉接受了你的提议，你安排第二天见面，届时她会给你一张10000美元的现金支票，然后你把车钥匙和车辆检查证明交给希拉。

43
决策取向

谈判的五种工具是通用的，在任何谈判中，都有机会采用其中的一个，无论你是在谈判企业合并、诉讼解决、国际条约、家庭度假的地点，还是卖掉你开了5年的丰田普锐斯。但这并不意味着全能型谈判者应该总是以相同的方式或者同等的权重使用这些谈判工具。要明智地使用谈判工具，一定要具体情况具体分析。

如何运用这五种谈判工具，从根本上取决于你决定在谈判中是采取利己还是利他的谈判策略，我称这种情况为决策取向。一个利己型谈判者专注于为自己争取最有利的交易，完全不顾及对方的利益。相反，一个利他型谈判者在为自己寻求有利结果的同时，也会为对方提供同等关切。你可以把利他的取向作为黄金法则的例证——以自己希望被对待的方式对待他人。

下面是决策取向对你采取五种谈判工具的影响。

谈判区间分析

利己型谈判者和利他型谈判者会使用相同的分析方法来评估谈判区间，但是他们在评估对方保留点的时候出于不同的目的。

利己型谈判者通过战略性使用谈判权或公平规范，竭力在保留点附近达成协议，以尽可能多地获取合作盈余。这种谈判者甚至试图诱导对方犯下谈判中的第一个大忌：同意一项比实施 B 计划更糟糕的协议。他们巴不得对方犯错。

相反，利他型谈判者想要准确评估谈判区间，使提出的协议落在谈判区间内并且对双方有利。这种谈判者不希望对手犯谈判中的第一个大忌，即使这种协议于其有利，谈判者也会尽其所能帮助对方避免犯下这样的错误。

说服

利己型谈判者努力说服对方达成协议可能带来最大的价值。他将使用说服工具的每一种策略，而不会考虑自己是否相信这种协议真的会给对方带来他所声称或暗示的利益。

利他型谈判者使用说服工具是为了确保对方理解并领会谈判者认为交易将会带来的价值，从而使达成协议对对方来说好过陷入僵局。不像利己型谈判者，利他型谈判者不会试图说服对方相信任何连自己都不相信的东西。如果对方对谈判者提供的东西的特点和好处都很了解，那么利他型谈判者往往会认为使用说服工具是多余的。

交易设计

利己型谈判者将交易设计视为自己获取更多合作盈余的一种手段。当他相信他可以使用谈判权或公平规范来获取更多价值时，他就会建议改变交易结构，创造更多的合作盈余。

利他型谈判者将对手视为解决问题的搭档，而不是为了合作盈余展开激烈斗争的竞争者。谈判者提出达成交易的建议，使总体合作盈余最大化，而不会考虑双方该如何分配合作盈余，如果双方都能从一个更优的交易设计中获利，谈判者就会很高兴。

谈判权

利己型谈判者使用任何可用的谈判权策略来说服对方在对

方的保留点（甚至超出）范围内放弃合作盈余。这种谈判者希望他的对手相信他的B计划比实际情况要好，而且他达成协议的愿望比实际情况要低，于是他会抓住任何机会去鼓动这种在法律上或道德上都不被禁止的误解。只有当他认为这样做会损害他与对方的关系或他自己的声誉时，才会避免使用谈判权工具。

利他型谈判者只有在存在谈判区间，但对方错误地估计了谈判者的保留点，为了避免出现僵局的情况下才使用谈判权工具。谈判者会披露自己的B计划，即使B计划不是非常理想，他也会威胁放弃谈判，选择B计划，但只有当他自己意识到这样做符合他的利益，而对方没意识到这一点时，才会使用谈判权工具。谈判者不会试图通过夸大自己追求B计划的欲望以获取额外的合作盈余，尽量减少他对达成协议的兴趣，当他没有比达成协议更理想的B计划时，就威胁陷入僵局，或者试图通过将成本强加给对方迫使对方让步。

公平规范

利己型谈判者会策略性地运用公平规范。当不同的规范指向不同的交易条款时，谈判者首先确定哪些原则表明他有权获得尽可能多的合作盈余，然后提供最强有力的证据，说明为什么在这种情况下这些原则是最公平的。如果对手不同意他认为公平的条款，他就会通过威胁陷入僵局，试图利用公平规范行使谈判权，即使他的B计划在不太理想的条件下无法达成协议。

利他型谈判者试图从中立的角度判断任何特定协议的公平性。他的公平判断可能带有一种无意识的自私偏见，但是他真的认为自己提出的协议在这种情况下最公平，不管是自己，还是对手，都会从这种合作盈余分配中受益。

个人性格当然会影响谈判者的决策取向——有些人更自私自利，有些人更关心他人——但是谈判者与其对手关系性质的变化是最关键的因素。我们大多数人在与家人或者朋友，以及组织中亲密的同事协商时往往采取顾及他人的决策取向。如果你对你的另一半说："星期六晚上我们去电影院看《X战警》吧，否则我晚上就不陪你了。你去还是不去？"那么你的婚姻可能快走到头了。在日常的商界、法律界或政界，关注自身利益与关注他人利益之间的适当平衡可能非常不明显，很难在这两种基本取向之间做出选择。做出正确的选择将使你利用五种谈判工具获得最大的利益。

44 囚徒困境中的谈判

“囚徒困境”是博弈论领域最著名的问题，[1]它为谈判者必须做出的决策取向提供了有用的隐喻。

两名犯罪嫌疑人因入室盗窃被逮捕后，关在不同的牢房，他们之间无法交流。警察分别审问这两人，每个人必须选择保持沉默或者提供另一人犯有盗窃罪的证据。警方目前掌握了足够的证据判两人非法侵入，并各判一年监禁。如果其中一人指控另一人，警方就会判被指控的人五年监禁。如果这两人分别指控对方有罪，警察会给他们各自减刑一年。两人都必须独立决定是选择保持沉默来（与另一人）“合作”，还是选择出卖对方。[2]

如果两人在两个选项中做出选择，就有四种可能的结果。如果囚徒 1 选择合作并保持沉默，如果囚徒 2 也保持沉默，囚徒 1 将因非法侵入最被判处一年监禁；如果囚徒 2 告密，囚徒 1 将因入室盗窃罪被判五年监禁。如果囚徒 1 选择背叛，而囚徒 2 保持沉默，那囚徒 1 将会被释放；如果囚徒 2 也选择告密，那么两名囚徒都将被判四年监禁。

囚徒困境

		囚徒2的决定	
		合作	背叛
囚徒1的决定	合作	1年 1年	0年 5年
	背叛	5年 0年	4年 4年

囚徒们的选择之所以有趣，并被贴上“困境”的标签，是因为如果每个囚徒都选择背叛同伙，就会获得更短的刑期，不管另一名囚徒做出什么选择，然而如果他们都选择合作要好过他们都选择背叛。在这种情况下，合作就成了利他策略，背叛就成了利己策略。

你会做何选择呢？任何一个博弈理论家都会告诉你，一个理性的囚徒总是会为了自身的利益选择背叛。背叛可以让你获得最短的刑期，不管另一个囚徒怎么选择。

如果你知道将来还会和同一个同事进行同样的互动，你的决定将会有所不同吗？如果你将多次和同一个人玩囚徒困境类型的游戏，为了鼓励对方也选择合作，你觉得有必要进行合作吗？如果你知道会玩多少次游戏，你就不会选择合作。假设你将与同一个对手连续玩 10 次囚徒困境游戏，你可能会认为在第一轮选择合作是明智的，这样可以鼓励对手在接下来的 9 轮中顾及他人，但是博弈论的逻辑表明这样可能是错的。

博弈论的“逆向归纳法”推理过程说明了其中的原因。在第一轮游戏开始之前，要提前考虑第 10 轮，也就是最后一轮。如果另一个玩家是理性的，他就会在这一轮中背叛。出于同样的原因，如果游戏只玩一次，他也会背叛。你在第 9 轮中的行为不会影响他第 10 轮的选择，所以为了使你的结果最优化，你应该在第 9 轮中背叛。你的对手知道你也会在第 10 轮中背叛，所以他也会在第 9 轮中背叛——他没什么可失去的。知道不管你做什么，对方都将在第 9 轮中背叛，你就应该在第 8 轮中背叛，依次类推。另外 7 轮也按照这个逻辑，你将会发现你应该在所有轮次中背叛，包括第一轮（你的对手也是）。

博弈论的逻辑很强，但它与实验对象如何玩囚徒困境以及其他具有类似设计和激励的“社会困境”游戏是两回事，即使在涉及真钱的情况下。在数百个已经发表的实验中，大约一半的受试者选择合作。[3]如果你参与这些实验，并且总是选择背叛，你的整体结果将不会很好，至少在多轮游戏中是这样，因为那些倾向于顾及他人和合作的玩家将会变得懊恼，并开始背叛。此外，许多参与的玩家都背叛，如果你总是合作，你会发现自己总是面临最糟糕的结果——博弈论者称之为“傻瓜的回报”。

那么，是什么决定了你采取顾及他人选择合作或者自私自利选择背叛呢？答案是信任，或者缺乏信任。

在决定是合作还是背叛之前，你应该问两个截然不同的问题。其一，你相信你的对手是顾及他人的人吗？如果是，他会愿意在监狱里多待一年而不出卖你吗？你有信心他在考虑自己利益的同时考虑你的利益吗？你敢冒这个险吗？信任如果放错了地方，你会付出高昂的代价。如果你信任对方，但对方不值得信任，你将在监狱里待 5 年而不是 4 年，而对方却逍遥法外。

其二，你是否愿意成为值得信任的人，即使这会让你付出代价？你是否愿意为对方牺牲自己的利益，在监狱多待一年？你确定吗？

谈判者面临的情况与囚徒困境中的玩家面临的情况类似。作者大卫 · 拉克斯和詹姆斯 · 塞贝尼乌斯称之为谈判者困境，这再合适不过了。[4]

如果你的对手所选的策略独立于你的选择，以自我利益为导向的谈判可能会产生更好的物质结果。一个利他型的谈判对手将诚实地披露只有自己知道的关于他的爱好、成本和资源的信息，以便更好地确定是否有谈判区间，并帮助构建一个能创造最多合作盈余的协议条款。通过采取自私自利的行为，你可以采取创造合作盈余的策略，然后获取大部分或者全部合作盈余。如果你的对手自私自利，你追求自身利益的决定可以让你避免被利用。

此外，两个利他型谈判者之间的合作通常会好过两个利己型谈判者之间的竞争。两个利他型谈判者诚实地交换信息，共同决定谈判区间的范围，构建一个合作盈余总量最大化的交易，并以在当时情况下双方认为公平的方式分配合作盈余。两个利己型谈判者可能表现得非常有礼貌，极其专业，但是他们会隐瞒信息，混淆是非，欺骗甚至误导对方。这种情况往往会导致他们犯下谈判中的第二个大忌：本可以达成更好的协议却陷入僵局。即使当他们能够避免这种宿命，设法达成协议，往往对双方的互利性也不如之前，而且几乎总是需要更多的时间、精力和成本。

2004 年，沃伦·巴菲特旗下的伯克希尔 – 哈撒韦以 2300 万美元从沃尔玛收购了其业务部门麦克莱恩供应链。通常，要敲定如此大规模的交易，伯克希尔 – 哈撒韦的律师需要花几个月的时间核实麦克莱恩的财务状况。双方顾及他人的做法节省了这些成本，为双方留下了更多的合作盈余。巴菲特后来在致股东的信中说："我们没有做尽职调查。我们知道一切会如沃尔玛所说的那样，事实也的确如此。"[5]

如果你想要背叛，那可能是处于恐惧（缺乏信任）或者贪婪（缺乏可信度）之中。你可能害怕被自私自利的对手利用，落得个傻瓜式回报，或者你可能渴望利用另一个牢房的天真的替罪羊。

囚徒困境实验的可靠数据并没有告诉我们这种自私行为是由恐惧或者贪婪造成的，因为恐惧或贪婪都可能导致背叛。但是稍有不同的社会困境实验——"信任游戏"将这两种动机分开了。在信任游戏中，受试者按顺序做出选择，而不是同时做出选择。第一个游戏参与者，也就是"委托人"会得到一些钱（通常是10美元），他可以选择将钱全部保留或将部分或全部的钱交给第二个游戏参与者，也就是"受托人"。实验者将按转让金额的三倍给受托人钱。受托人可以选择将所有（翻倍后的）钱全部保留或者将部分或全部的钱转回给委托人，然后游戏结束。[6]

一个利他型委托人将会把所有或大部分钱转让给受托人，因为这将使总金额最大化。一个利他型受托人返还给委托人的金额会超过最初收到的转让金额，确保双方从互动中获得利益。利己型委托人不会给受托人钱，同样自私自利的受托人不管得到多少钱都会全部保留。

信任游戏

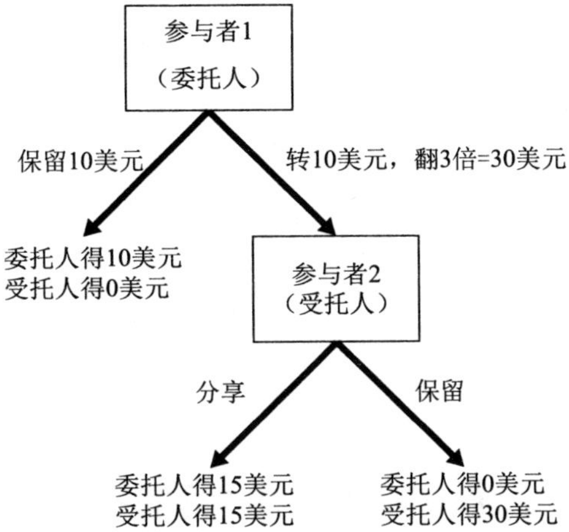

委托人不能利用受托人，所以如果他选择不把钱转给受托人，他唯一的动机就是害怕受托人保留所有收益，一分都不返还给他，这就相当于在囚徒困境中得到了“傻瓜的回报”。另外，受托人没有理由害怕被利用，因为受托人一做出决定，游戏就结束。如果受托人保留所有收到的钱，转很少或根本不转给委托人，他唯一的动机就是贪婪。

信任游戏的结果表明，自私自利行为的动机部分是因为恐惧，部分是因为贪婪。一些委托人不信任受托人，很多被信任的受托人并没有用让人信任的行为来证明他们是可信的。似乎害怕和贪婪都会阻碍互惠互利的合作。

45

信任谁？什么时候信任？

你对对方的信任程度会导致两种截然不同的结果，了解每一种结果非常重要。

第一个问题是如果你达成一项协议，你是否相信对方会履行义务。对这个问题的回答将会影响谈判区间。如果你不相信对方会遵守协议条款，通常就没有谈判区间，因为比起焦点谈判中达成的，但可能不被遵守的协议，你的 B 计划更可取。例如，如果一个买家担心货物不会被送达或者怀疑服务无法被履行，他就不太愿意付款。

当对履行协议缺乏信心时，谈判者通常可以使用交易设计工具来构建协议，以解决问题。在和苏联领导人戈尔巴乔夫的会晤中，美国总统里根曾多次宣布他的原则——“信任，但要核实”（这实际上是一句俄罗斯谚语）。他认为，在冷战即将结束的日子里，美国准备限制自己的核武器生产，以换取苏联也这样做，但是他不相信苏联会信守承诺。双方将设立一个只针对军备控制协议的谈判区间，这些协议的设计机制将使两国能够核实对方的协议履行情况。

如果可以核实协议的履行情况，不履行协议将遭受的声誉损害或法律制裁的威胁往往足以让谈判者相信彼此能够履行义务。如果你将你的丰田普锐斯卖给你的邻居希拉，她还可以延期支付3000美元，即使你对她的为人不甚了解，你可能也会相信她会支付这笔钱，原因有两个：第一，如果你把她不还钱这事告诉你们共同的邻居，这可能会损害她的声誉；第二，你可以去小额索赔法院起诉她。在规模更大、更重要的交易中，法律体系为确保合同履行提供的支持至关重要。事实上，研究表明能够可靠保护财产权利以及执行合同的国家比没有强大法律制度的国家拥有更多的贸易，并且可实现更强有力的经济增长。[1]

如果声誉和法律都不足以确保履行协议，那不履行义务的报复性威胁有时候就能够起作用。只要美国能够核实苏联是否遵守军备控制的承诺，里根就愿意相信戈尔巴乔夫，因为如果苏联被证实是不可信的，美国就可能停止未来在其他领域的合作。

当实验对象玩多轮的囚徒困境游戏时，大多数人会本能地意识到，在第一轮中选择合作是明智的，因为尽管背叛会让你获得更好的即时结果，但在接下来的几轮中会遭到报复，导致更糟糕的结果。事实上，在囚徒困境游戏中，每个参与者提交一个计算机程序，该程序与其他程序进行多轮博弈，参与者称之为“以牙还牙”，并选择合作，除非对方背叛，然后在接下来的几轮博弈中在对方再次回到合作之前对这种背叛进行报复，结果会好于利己策略。[2] 然而，只有在背叛可以被核实的情况下，报复才是可行的。囚徒困境游戏的参与者清楚地知道对方什么时候背叛了。但在现实生活中，事情并不总是那么清晰。

第二个问题是你是否信任对手在谈判过程中的表现。大多数在谈判过程中违反信任的行为是不能通过法律制度得到解决的（这一规则的一个重要例外是谈判者在产品或服务质量上撒谎，这可能导致对欺诈行为的民事或刑事方面的法律制裁）。更重要的是，通常很难核实对手的行为是真诚地顾及他人，还是在欺骗性地谋求私利。

当卖家通过运用说服工具来宣扬自己产品的价值时，他是在为了引导你而做出真诚评价，还是在试图说服你支付高于他实际认为的价格？当卖家采取公平规范试图达成协议时，它是代表卖家当时关于客观公平的真实信念，还是因为对其有利而捍卫特定合作盈余的分配？当卖家使用谈判权威胁你，除非你同意支付更多的钱，否则就陷入僵局时，选择的条件真的比他的B计划更糟糕，还是他在虚张声势以获得更多的合作盈余呢?

在某些情况下，这些问题的答案是显而易见的，损害关系或声誉的风险将抑制你的对手产生自私自利的动机。然而，更常见的情况是，很难将那些顾及他人的对手和自私自利且善于巧妙利用他人的对手加以区分。核实顾及他人行为之难使得信任变成危险的事。

但是，即使自私自利的行为不能通过声誉风险、损害关系或法律制裁的威胁加以阻止，谈判者往往也会相信他们的对手，并采取一种顾及他人的策略倾向。在决定是否值得冒险时，你应该考虑以下三个因素：

- 社交距离；
- 具体情境；
- 对手的亲社会倾向。

社交距离

在美国内战期间，45000 名不幸被南部邦联俘虏的北军士兵被关押在佐治亚州中南部臭名昭著的安德森维尔集中营。这些囚犯所面临的条件和剥夺几乎令人难以置信，尤其在战争接近尾声的时候。这座集中营原本是为了容纳 10000 名士兵而建的，有一次，俘虏突然增加了 30000 多人，而且没有固定的建筑来提供住所。每天的口粮大多只有玉米面包和玉米粉，这导致大量的人患上维生素 C 缺乏症，并出现极度饥饿，腹泻和痢疾大面积发生。被称为“掠夺者”的抢劫囚犯团伙从自己的同伴那里抢东西。进了安德森维尔集中营的北军士兵有 40% 死在那里，其中有一半在被关押三个月后就死了。[3]

在这些极端条件下，合作不是一件奢侈的事，而是生存的关键。战俘们需要合作来建造住所，获得粮食。如果生病了，他们需要依靠别人来照顾，他们需要抱团来保护自己免受抢劫团伙袭击。战俘的生死可能就在于当面对极端脆弱的情况时，是否选择信任狱友，以及被信任的人是否值得信任。

在《英雄与懦夫：战争的社会形象》一书中，经济学家多拉·科斯塔和马修·卡恩研究了安德森维尔集中营的档案，揭示了社交距离——心理距离，而不是在新冠病毒流行期间成为公共话题的身体距离——对利他行为的重要性。与家人一起被囚禁的战俘（内战中，士兵经常与儿子、父亲、兄弟和堂兄弟一起服役）更容易存活下来。当然，不是每个战俘都有亲戚可以依靠。第二幸运的事情就是和自己连队的士兵在一起。如果一名北军士兵和他的 10 名或者 10 名以上的战友被囚禁在安德森维尔集中营，他在 4 个月后的存活概率是 90%，而少于 10 名同伴的战俘，存活的概率只有 75%。[4]

这没什么奇怪的。在人类历史的大部分时间里，我们以狩猎采集的小群体四处游荡。人们通过主要建立在亲属关系上形成的小而紧密的社会群体生存下来，并得到繁衍。你与你的团队成员合作以确保人身安全和维持生计，但大多数情况下与外部人员争夺紧缺的资源（偶尔也会与他们交换贝壳）。直到大约 10000 年前开始的农业革命（从进化的角度来说，是最近的事），人们才开始居住在更大的村庄和城镇里，直到几千年之后才出现大的城邦，这使得与完全陌生的人交往变得习以为常。[5]

这段漫长的历史在人类的内心深处形成一种明显根深蒂固的区分，即区分我们认为属于我们的内群体成员与那些不属于内群体的成员。在与内群体成员交往的时候，我们往往倾向于顾及他人，并且假设他们也会这样做。在早期，内群体中自私自利的人可能会被排斥或者被驱逐，那些试图欺骗或利用群体未能得逞的人不大可能有机会把他们的基因遗传给后代。我们本能地倾向于信任内群体成员，并得到内群体成员的信任，因为为了生存，我们总是不得不这样做。

相反，我们倾向于怀疑和不信任他人，也就是外群体成员。在人类历史的大部分时间里，外群体成员总是试图抢夺我们的资源，利用我们的弱点。在 21 世纪，我们不会想到外群体的人会抢劫或谋杀我们，但我们经常做这种假定，至少害怕他们会在与我们打交道的时候追求自己的利益。我们甚至通常不会认为他们的自私自利行为违反了社会规范。[6]

情境线索

我们常常很难决定对他人采取顾及他人还是自私自利的策略倾向，因此我们会寻找外部线索以便与他人建立关系，这不足为奇。我们也同样寻找外部线索，帮助评估潜在交易的价值。我们和对方的社交距离是我们采取何种合适倾向的有力线索，但不是唯一线索。围绕互动情境可以提供另一个线索。

在社会科学家发表的数百个囚徒困境游戏的结果中，有一个比较有趣的实验是探索游戏名字是如何影响受试者的行为的。心理学家李·罗斯和他的同事为受试者提供了常规的回报矩阵。当然，这个矩阵表明他们通过背叛可以比合作赚取更多的钱，但是相互合作比相互背叛更有利可图。然后他们告诉一半的参与者，他们玩的是“社区游戏”，同时告诉另一半参与者他们玩的是“华尔街游戏”。随机分配到前一组的受试者选择合作的人数是被分配到后一组受试者的两倍（60% 对 30%）。[7] 一个类似的实验发现，在信任游戏中如果研究人员称受托人为“拍档”而不是“对手”，委托人将多转两倍的钱。[8]

社区游戏和拍档暗示慷慨与合作才是合适的行为，贪婪则是不合适的。如果另一名游戏参与者收到同样的提示，在其他条件相同的情况下，他有理由认为他要采取顾及他人的策略，这样如果对方也采取顾及他人的策略就会减少被利用的可能。一项普遍的研究发现，当社交困境的游戏参与者认为他们的对手也可能采取同样的策略时，他们就更可能采取顾及他人的策略，这一点都不令人惊讶。[9]毫无疑问，许多谈判者是贪婪的，希望利用每一个优势，但是许多人之所以采取自私自利的策略，是因为他们担心对手不值得信任。

我的法学院学生中大约有 2/3 的人会在毕业并通过律师资格考试后会成为诉讼律师。作为诉讼律师，他们的日常工作将是通过谈判解决诉讼。我的大部分法学院的其他学生将成为交易型律师，他们的日常工作就是进行各种各样的商业谈判。你觉得，同一名学生在使用这五种谈判工具时，哪种角色的律师更有可能采取利己倾向？

诉讼被认为是一种无情的运动。涉及法律纠纷的客户希望他们的律师成为他们的角斗士，竭尽全力争取每一个可能的利益。而且，律师为了客户而采取自私自利的方式为人所知，很少会付出声誉和关系方面的代价，并且来自满意客户的推荐会带来新业务。尽管一个自私自利、不合作的诉讼律师不可能和对方律师交朋友，一旦他起诉某人（或者他的客户被起诉），那些对他不满的律师将不可避免地与他接触，而商业律师或高管常常可以避开以极端利己主义著称的谈判者。

和解谈判中的所有社会线索表明，人们期望出现自私自利倾向。我从未见过一个诉讼律师在一场诉讼中提出的初始和解方案，能够如实地反映他对案件的看法，即使是乐观偏见。每一个提议都是为了表明提议者的情况（他的B计划是上法庭）比实际情况更好，或者为可能的谈判之舞设定一个有利的起点，抑或两者兼顾。这就是为什么丽莎·科勒曼发现，在她调解的劳动纠纷中，原告要求的平均赔偿金额是被告初始提议金额的68倍。[10] 如果你内心对使用谈判的五种工具进行自私自利式的谈判感到不舒服，你绝对做不了诉讼律师。我的法学院学生本能地理解这一点，即使他们还不是律师。当我让他们参与需要协商诉讼和解的课堂模拟时，比起模拟商业交易，他们往往采取自私自利得多的倾向来使用谈判的五种工具。

当情境线索不明确时，另一种策略是寻求对方的承诺，以一种顾及他人的倾向进行谈判。研究表明，人们更可能因为自己的私利而不是为了谎言去利用他人，[11] 所以，至少从统计上来说，这解释了为什么人们更加相信一个承诺公开、诚实和真实的人，即使这显然不会消除获得“傻瓜的回报”的风险。谈判者似乎意识到了这一点。心理学家莫里斯·施韦泽和经济学家雷切尔·科洛森已经证明，社交困境游戏的参与者更可能信任一个承诺采取顾及他人策略的对手，即使有时候这种承诺完全不可行。[12]

当我让学生在没有交流的情况下玩多回合的囚徒困境游戏时，通常一半以上的人会在游戏中的某个时刻背叛（尽管不一定是在第一轮），以获取利益或者防止被利用。然后我让他们重新玩这个游戏，并且有口头交流的机会。游戏期间，大多数人会寻求（并获得）对方不会背叛的承诺。事实证明，很少有学生承诺不背叛，然后又违背承诺，即使没有规则阻止他们这样做。

亲社会倾向

在囚徒困境实验中，测试了将游戏命名为“华尔街游戏”或“社区游戏”的影响，这种标签比起受试者的室友认为他们是合作型人格还是竞争型人格更能预测参与游戏学生的行为。[13]但是毫无疑问，有些人就是更顾及他人，而有些人骨子里比别人更自私自利。企业也是如此，尽管企业有不同的文化。

欧内斯特·法尔和赫伯特·金迪思深入研究了多轮次的社交困境游戏，他们发现可以将受试者分为两种基本类型。[14]一种是彻底利己型的。这种受试者几乎总是会背叛。另一种是谨慎利他型的。这种类型的受试者一开始会合作，他们假设其他人也会这样做，但是如果他们的合作行为没有得到回报，就会转向背叛。

我们可以把第二类人称为亲社会型的，他们往往会与顾及他人的人进行新的互动。如果自私会使得他们被起诉或严重损害他们的声誉，他们就会按顾及他人的方式行事。但是在缺乏这些激励良好行为的因素时，确保你可以安全地采取顾及他人的策略而不被利用的最好方法是选择与亲社会型的对手谈判。

当然，如果生活这么简单就好了。问题在于，自私自利的谈判者当然有充分的动机表现出他们是亲社会的。如何确定对方是真正亲社会型的人呢？有趣的是，研究人员发现亲社会倾向的一个信号是愿意相信他人。在缺乏相反证据的情况下，我们人类倾向于假设他人会像我们一样看待这个世界。值得信任的人通常会假设他人也同样值得信任，而寻找机会利用他人的人往往害怕别人像他们自己一样自私自利。所以一个愿意相信你的对手——可能在B计划中透露他的利益和弱点等私人信息——本身就更值得信任。[15]

46
建立信任的策略

你可能信任你的谈判对手，也可能不信任，但无论如何，你都希望对方信任你。建立信任为成功使用五种谈判工具铺平了道路。

在安德森维尔集中营，北军士兵知道在这里最好有可以合作的亲戚或朋友。如果没有这些关系，种族甚至地缘关系也可以提供信任基础。如果具有爱尔兰、法国和德国血统的俘虏和具有相同血统的人被关在一起，则更可能存活下来。对一些来自小城镇的士兵来说，如果身边有来自同一城镇的其他俘虏，就会提升他们在集中营存活的概率。[1] 在大学生参与的实验室环境下进行的社交困境游戏中，当参与者被确认是来自同一大学的学生时，比起来自不同大学的学生，他们会表现出更多顾及他人的行为。[2]

由此可见，人们对于将他人归类为内群体成员还是外群体成员是非常灵活的。[3]陌生人可以在多种因素的基础上建立关系。如果你想被信任，请加入内群体。

社交接触可以拉近社交距离，而且往往非常迅速。在社交困境游戏中，如果允许实验对象在参与游戏之前与对方见面或交谈，即使他们之前与对方未曾谋面，是通过网络联系的匿名参与者，他们也会变得更能顾及他人。[4]这就解释了为什么精明的商人会花费时间和精力与他们的合作伙伴建立个人关系，拉近社交距离，以建立信任的基础。

多年前，我担任贝恩公司的管理顾问。那时我刚从大学出来，没什么实际工作经验，我对我的客户花很多时间与他们的客户或供应商打高尔夫、吃饭感到疑惑。我理解为什么他们要买超级碗的头等门票，但对股东们来说这真的值吗？现在我算是明白了，尽管高管们可能确实会在工作、社交活动中过度投资，这些活动也令人享受，但到谈判重要的公司交易时，一起吃饭有助于让谈判双方相互照顾。

如果不是被迫的，信任那些与我们建立社交关系的人这一本能会通过身体的化学物质得到强化。社交接触产生催产素，催产素反过来又使大脑释放出令人愉悦的化学物质多巴胺和血清素。

催产素有时被称作“拥抱激素”，它最为人所知的作用是让人坠入爱河，让母亲与婴儿建立深厚的关系，但它也在更广泛的社会场合中促进人的同理心和依恋。[5]这种化学变化使人们关心并信任彼此，当然，这也更能促进合作和顾及他人的行为。例如，神经科学家保罗·扎克已经证明，用催产素鼻喷雾剂喷向参与信任游戏的委托人，他们将自己全部利益转让给受托人的可能性是喷了安慰剂喷雾剂的受托人的两倍。[6]

面对面交流是建立信任最好的方式——一项研究发现，面对面玩囚徒困境游戏的信任度是通过电话玩这个游戏的三倍。[7]轻轻地触碰一下别人的胳膊或肩膀似乎也有助于建立信任。[8]即使是以技术为媒介的互动，也能产生同样的效果。一项研究发现，照片和介绍性电子邮件增加了参与谈判的受试者与其他大学生之间的信任，[9]扎克发现即使通过社交媒体与他人进行 15 分钟的联系，也能促进催产素的分泌。[10]

当你与谈判对手互动时，拉近社交距离，促进信任的最佳方式是表现出同理心，即无论你是否同意对手的观点，都要真正理解对方的观点和感受。人质谈判专家克里斯·沃斯教导我们，在与真正的坏人谈判时，他的出发点就是承认每个人都希望被理解。根据他的经验，当他能够对对方的观点表现出足够的同理心时，任何谈判的基调都会改变，对方会说出两个关键的字——“就是”。[11]

沃斯推荐的另一个建立信任的策略是模仿对方——他们的话语、习惯、面部表情、语调和说话的节奏。[12] 这种策略的好处已经被科学证实。心理学家威廉·马杜克斯和他的同事让实验对象参与谈判，一个求职者和一个招聘者之间涉及 8 个问题。其中一组求职者和招聘者没有一个人在互动中巧妙地模仿对方的行为举止，而另一组会相互模仿。一般来说，当其中一个受试者被对方模仿时，这组谈判者将比没人模仿的受试组获得更多的合作盈余。在这个过程中，双方都获得了更多的合作盈余（虽然实施模仿的受试者获得了更多的额外合作盈余）。[13] 即使通过电子邮件模仿对手使用术语和表情符号，也被证实能够带来更有利可图的交易。[14]

在不需要的时候表现出慷慨是另一个创造信任条件的基本策略，因为这可以证明你是一个亲社会的人。1999 年，在线拍卖网站易贝成为科技界的宠儿，其股价是 1998 年秋季上市时的三倍。但是在 6 月 10 日，该网站突然瘫痪近 24 小时，对一家整个商业模式都基于互联网实时交易的公司来说，这是一个严重的问题。更糟糕的是，在网站瘫痪期间，公司多次承认将迅速恢复服务，但没有做到。

尽管根据易贝与在线卖家的合同，易贝只需要将网站瘫痪期间的拍卖延期就行，但其首席执行官梅格·惠特曼却决定返还网站瘫痪期间所有 200 多万次拍卖所收取的费用。这一决定导致公司损失500万美元，未能实现季度营收目标和股市投资者的收益。惠特曼说，当她问她的高级顾问“现在该做什么”时，其实已经决定退款。[15]

为商业伙伴做正确的事，而不是能立即获利的事，这是典型的亲社会行为。谈判过程中的慷慨也属于亲社会行为，比如做出让步或者提供某些补偿，不要求任何回报。作家史蒂芬·M.R.科维讲述了一个很好的故事，讲的是对方是如何在没有事先编辑或审查评论的情况下，把部门主管准备的合同草案打上标记，从而立即获得科维的信任的。[16]这听起来有点老套，但是自己付出一些代价，做一些对你的对手有好处的事情，不管是大是小，都是获得信任最好的方式。正所谓，但行好事，终有回报。

在高度冲突的谈判中，比如试图解决争端或在资源稀缺的情况下分配资源，道歉往往是建立信任的宝贵工具。说“对不起”是一种几乎万无一失的方法，可以改变对方对你的看法，你会从一个必须被征服的对手变成一个可以被信任的伙伴。

经济学家约翰内斯·阿贝勒及其同事（巧合的是与易贝有关）进行的一项实验提供了展示道歉力量的有力例证。对卖家做出负面评论的易贝客户会随机收到5欧元或一条信息（称卖家对客户的不满表示“抱歉”，并真诚“道歉”）。无论哪种方式，都要求客户撤销负面评论。收到道歉信息的人中，有近一半的人同意了这一要求，他们愿意既往不咎，这一比例是那些收到现金的人的两倍。[17]

在一个风险大得多、情绪化得多的谈判环境中，比如医疗事故诉讼，道歉也能发挥极大的作用。传统上，在庭外和解谈判中，辩护律师一直不愿意让他们的客户向受伤的原告道歉，不管是出于自己的失误，还是因为糟糕的结果。近年来，一些州颁布了新的“对不起”法律，明确规定谈判中的道歉不被用作证据。研究发现，这么一来，诉讼减少了，和解费用降低了。[18]

另一种展示亲社会行为的方式是放手一搏，给予他人信任，至少会适度增加对对方的信任，尽管这样做有风险。亲社会的个体由于害怕被利用会采取利己的谈判倾向，他们会以顾及他人的行为对信任做出回应。在信任游戏中，委托人表现出的信任越多（转移的资金越多），受托人平均返还的钱就越多。

一项有趣的研究比较了两组受托人的行为，第一组受托人被告知委托人选择转资金给他们，第二组受托人收到相同数量的金额，但被告知收到的金额是随机的。第一组受托人返还给委托人的钱是第二组的两倍。这个实验是由保罗·扎克做的，毫不奇怪，他还发现，认为自己受到信任的受托人催产素水平上升，而认为自己的报酬是偶然所得的受托人则不会。[19]

如果信任带来信任，那么缺乏信任会带来怀疑。在扎克的实验中，当男性（不是女性）受托人从委托人那里得到少于30%的利益时，其睾丸素水平会急剧上升（这会促进好斗和自私自利行为），而且往往几乎不会回报委托人。[20]

当你担心对方可能不信任你时，你可以用行动拉近社交距离或者表明你是亲社会的。拉近社交距离表明你将以一种值得信任的方式对待你的对手，亲社会性表明你值得每个人信任。

47
利益的重要性

不出所料，在社交困境实验中，随着受试者能获得的报酬逐渐增加，自私自利行为也随之增多（尽管令人高兴的是，顾及他人的行为没有完全消失）。[1] 利益越大，利用他人的企图越会增加，甚至导致声誉或关系损害。

2007—2009 年播出的英国节目《金球》中的一个例子就说明了这一点。在每一集的结尾，两个玩家会玩一个叫“平分或独吞”的游戏，游戏的玩法与囚徒困境游戏类似（但不完全一样）。玩家必须分配他们之前积累的钱。每个玩家有两个可以打开和关闭的金球，一个里面写着“独吞”，另一个里面写着“平分”。每个玩家从两个球中选择一个，然后在节目主持人的指令下，同时打开他们选择的球。

如果两个玩家均选择平分，他们就平分这些钱。如果一个玩家选择独吞，另一个玩家选择平分，选择独吞的玩家将赢得全部奖金。如果两个玩家都选择独吞，他们就都输了，两人得不到一分钱。在做出选择之前，玩家们有机会商量。通常情况下，两个玩家都会承诺他们将选择平分，并劝说对方信任自己。

这个节目有一集令人难忘，游戏奖金池有超过 10 万英镑的巨额赌注。在协商间隙，史蒂芬和萨拉反复向对方保证他们会选择平分，并且双方都不遗余力地声称独吞的声誉代价可以让对方放心地信任彼此。史蒂芬说，如果他独吞，摄影棚的观众会跑到台上弄死他。萨拉说，如果她独吞，“我认识的每个人都会感到恶心”。

答案揭晓的时刻，史蒂芬选择了平分，但是萨拉选择了独吞。史蒂芬双手捂着脸，趴在桌子上，显然为自己错误信任对方感到痛苦。萨拉看起来也没高兴多少，不由自主地抿起了嘴唇。她转过头，一只手遮着脸，眼睛看着地板，像在拼命地躲避镜头。接下来，她当然是带着 101500 英镑离开了。[2]

在这一集赛后的简短采访中，史蒂芬说他从这个节目中学到了“贪婪是无止境的”。萨拉试图将自己的行为归因于恐惧，而不是贪婪，她说她担心被人“背后捅刀子”。虽然这个解释可以解释囚徒困境游戏，但是解释不了这个游戏，因为它与囚徒困境游戏在动机结构上稍有不同。如果史蒂芬背弃承诺，选择独吞，萨拉将一无所获，不管她做出什么选择。不像囚徒困境游戏，这个游戏没有更糟的结果，也就是没有“傻瓜的回报”，但是萨拉选择了独吞来保全自己。她的选择只能用贪婪来解释。

根据相关研究，一般来说，即使是想要利用他人的人在承诺不会利用他人之后，也不大可能做到。在节目播出的前三季，正好是 50% 的玩家选择平分，50% 选择独吞。随着奖金池的增加，玩家选择独吞的倾向也在提高。[3]

我们可以比较一下史蒂芬的策略和另一集的玩家尼克的策略。易卜拉欣答应和尼克平分 13600 英镑的奖金。他解释说，他从他的父亲那里学会了人要让自己被人信任。他父亲在他小时候就告诉他，一个人如果不信守诺言，就“不是真正的男子汉，且一文不值”。尼克愿意平分奖金，但是他不相信易卜拉欣，所以假设易卜拉欣选择平分，他发誓他将选择独吞，然后在节目结束后和易卜拉欣分钱。节目主持人贾斯帕·卡罗特被尼克不同寻常的策略搞得慌了阵脚——他见过每个人都承诺平分，但没见过有人发誓要独吞的——向明显激动的易卜拉欣解释说尼克承诺事后分钱不具有法律约束力。

“为什么我俩不能都选择平分呢?”易卜拉欣问。尼克并没有直接说他不信任易卜拉欣，而是坚定地一遍又一遍重申他“绝对”选择独吞。恼羞成怒的易卜拉欣威胁说，他也会选择独吞，这样两个人都将空手而归，他将这种潜在的后果归咎为尼克是个“白痴”。然而，到最后的关键时刻，易卜拉欣向尼克的谈判权策略屈服了，选择了平分，他理性地认为，选择平分从而希望尼克信守承诺比选择独吞确定什么都得不到要更好（事实证明，尼克值得信任，他选择了平分，这意味着易卜拉欣不用在演出结束后在停车场祈祷就得到了他那一半的钱）。

事实上，尼克不愿意相信易卜拉欣是个明智的决定。在戏剧性结局后的采访中，易卜拉欣承认，如果尼克同意他提出的两人平分奖金的提议，他会选择独吞。[4]

信任谈判对手总会伴随一些风险。但对于高风险以及你的对手可能因不值得信任而获得超额收益的可能性，你需要特别谨慎。更糟糕的是，高风险也可能使你的对手害怕你会损害他的利益，这就增加了他采用利己主义作为自我保护的可能性，从而使信任更加危险。

结语　如何不断提高你的谈判技能

菲尔·艾维是史上最成功的职业扑克玩家之一，他是赢得世界扑克系列赛冠军次数第二多的玩家。2017 年，他入选扑克名人堂，这是一个高级俱乐部，截至本书成稿时，只有 58 人入选。[1]

同为职业扑克玩家和作家的安妮·杜克讲述了一个关于艾维的故事，这个故事为艾维的成功提供了一个重要的观察视角。2004 年，杜克的兄弟霍华德·莱德尔——也是一位职业扑克玩家——为艾维获胜的一场比赛做电视解说。之后，两人出去吃了一顿庆功宴。但是，艾维并没有沉浸在胜利的喜悦中，也没有庆祝自己拿到 50 万美元的奖金，而是整个晚上都在批判性地评估自己打过的每一手牌，并让莱德尔对自己可能犯的错误以及如何才能做得更好做出评价。[2]

艾维明白掌握复杂技能的重要性。当然，他有很高的天赋。他在牌桌上已经坐了上万个小时，一手接一手地玩扑克，获得了宝贵的经验。但是只有天赋或经验还不足以让艾维发挥真正的潜力。他知道成为最好的玩家需要他从自己的经验中学习，并不断吸取这些教训，提高自己的比赛水平。

作为一种高度社会化的物种，我们不断寻求他人的帮助来实现我们的目标，他人也寻求我们的帮助来实现他们的目标。这意味着我们只要活着就会花大量的时间谈判。在工作中，我们很多人会与客户或顾客谈判，我们也会与老板、员工以及同事谈判。走出办公室，我们与销售人员、服务供应商、家庭成员、朋友和熟人谈判。但是，就像玩扑克一样，所有的经验都不能够帮助我们发挥自己的潜力，除非我们从中吸取教训。

对任何谈判者来说，最根本的挑战不是如何去做，而是如何从我们的经验中学习，从而做得更好。当你日复一日正式或非正式地谈判时，你可能会以一种特别的、凭系统 1 的直觉和本能轻松地完成每一次谈判互动。这是大多数谈判者选择的谈判方式。如果你也这样做，就可能取得较好的结果。在最糟糕的情况下，你也能应付过去直到下一次谈判。此外，你可以像菲尔·艾维对待玩扑克一样对待谈判。

长期以来，人们一直认为，人类大脑一般可以在短期内记住 5~10 条信息。[3] 这就是为什么你很容易记住自己经常打的手机号码（至少在智能手机消除了这一需求之前是这样的），但是很难记住一组 16 位数的信用卡号码，即使你经常在网上或电话里将信用卡号码提供给商家。全能型谈判方式可以让你提前仔细规划谈判，然后在谈判结束后批判性地评价你在谈判中的表现，只需要记住五点，也就是我前面提到的五个谈判工具。

这些工具是谈判优势的唯一来源。你可以根据具体情况，选择更多地关注某个谈判工具。对更老练的谈判对手来说，说服就不那么重要了，他们会仔细分析达成协议对他们的价值。相比于只有一个问题（如价格）的谈判，交易设计在多个问题的谈判中更有用。相比于不那么重要的谈判或者反复互动，谈判权更适合高风险谈判或一次性谈判。当涉及持久的关系时，公平规范可能更重要。其实，这五种工具在任何谈判中都有各自的作用。

最后，在下一次谈判前，你应仔细考虑如何使用谈判区间分析、说服、交易设计、谈判权和公平规范来敲定最佳交易。拿出一张纸，分成五栏，在每一栏中做笔记，具体到如何最好地使用这五个工具。谈判之后，不管是达成协议，还是陷入僵局，都看看所列的表格，批判性地评价你在利用每一种工具时的表现，并确定在哪些方面可以有所提升，然后将这些见解融入你的下一轮谈判准备工作。

我们要做谈判界的菲尔。我不能保证你一次就能够赚50万美元，也不能保证你入选名人堂，但是能保证你得到更好的谈判结果。

致谢

本书是我近30年来思考如何更好地理解和解释“谈判”这一复杂人类互动的最高成果，但本书最终能够和大家见面绝不是我一个人的功劳。

我感谢鲍勃·姆努金，他教会了我谈判，并鼓励我开始谈判领域的学术生涯。我还要感谢汤姆·尤伦——我长期的导师和朋友，他给我第一份教员工作，并鼓励我研究行为经济学。

我从同事那里学到了许多关于谈判的知识，其中许多人对本书提出了具体建议和评价，特别是克里斯·古斯里、安德里亚·施耐德、嘉莉·门可麦道、理查德·伯克、乔纳森·格林伯格和吉恩·斯特恩莱特。加州大学洛杉矶分校法学院那些出色的学生曾担任我的研究助理，他们多年来对一些概念的研究也被写入本书，他们是艾米丽·比斯奈斯特、尼古拉斯·塞莱蒂－尼辛鲍姆、乔治·查普曼、阿尔蒙德·高钦、麦克斯韦·哈威特、乔丹·杰弗里、帕克·约翰逊、康纳·坎普夫、迈克尔·拉普兰特、玛格丽特·林奇、艾琳·马龙、格蕾丝·米多尔、尼古拉斯·帕拉图奇、丹尼尔·佩克斯、乔纳森·汤森、卢克·沃德，以及无与伦比的山姆·皮尔斯，他毕业后坚持继续帮忙。

如果没有我的经纪人，英国信用管理学院的拉夫·萨加林以及利夫莱特出版社的菲尔·马里诺，本书不可能出版。利夫莱特的比尔·拉辛、吉娜·亚昆塔和萨拉·约翰逊，无论是在概念层面，还是对书稿逐行逐段校对工作上，都付出了非同寻常的努力，他们的付出也提高了本书的质量。

感谢加州大学洛杉矶分校法学院，感谢恩·瓦拉特、迈克尔·希尔、雷切尔·莫兰以及詹妮弗·姆努金等历任法学院院长不仅对本书，而且对2000年以来我在谈判领域的研究和教学工作的坚定支持。这里尤其要感谢詹妮弗，感谢她鼓励我暂时放下行政工作，完成书稿。我也要感谢苏珊·阿肯、大卫·巴伯、戴安·博恩霍尔茨、鲍勃·菲尔德曼、吉娜维芙·赫林格尔、梅根·哈钦森、伊琳·思凯琳、坎布拉·斯科拉茨、利兹·斯库利和芭比·斯皮尔曼共同分担我在UCLA的谈判课程，这是个人和职业成就的持续来源。感谢迈克尔·多尔夫、道格·里奇曼、杰森·欧、亚当·温克勒敦促我完成本书。

最后，感谢我的妻子萨拉的鼓励、支持和耐心，感谢我的女儿杰西卡给我鼓舞，让我做最好的自己。

注 释

1. 两位投手的故事

1. Amy K. Nelson, "Dream on a Shelf," Outside the Lines, ESPN, April 23, 2009, http://www.espn.com/espn/eticket/story?page=090423/harrington.
2. Bob Nightengale, "Content with Less, Weaver Still Dealing," *USA Today*, July 13, 2012, 4C.

2. 决策分析 101

1. For a detailed discussion of decision analysis for purposes of negotiation, see Howard Raiffa, John Richardson, and David Metcalfe, *Negotiation Analysis: The Science and Art of Collaborative Decision Making* (Cambridge, MA: Belknap Press of Harvard University Press, 2002), 14–32.
2. I am far from the only negotiation professor to use the term *plan B* as shorthand for the course of action the negotiator will pursue if he reaches impasse in the focal negotiation. For a recent example, see Michael Wheeler, *The Art of Negotiation: How to Improvise Agreement in a Chaotic World* (New York: Simon and Schuster, 2013), 57. In *Getting to Yes*, Roger Fisher and William Ury labeled the negotiator's plan B his "BATNA," an acronym for "best alternative to a negotiated agreement." Roger Fisher, William Ury, and Bruce Patton, *Getting to Yes: Negotiating Agreement without Giving In* (New York: Penguin Books, 1991). The popularity of that book has made this funny word common in negotiation circles ever since. I find, however, that negotiators often confuse the term *BATNA* with the concept of the reservation point.

4. 高级决策分析 II：比较差异点

1. For similar descriptions of differences to evaluate, see Robert H. Mnookin, Scott R. Peppet, and Andrew S. Tulumello, *Beyond Winning: Negotiating to Create Value in Deals and Disputes* (Cambridge, MA: Belknap Press of Harvard University Press, 2000), 14–17; David A. Lax and James K. Sebenius, *The Manager as Negotiator: Bargaining for Cooperation and Competitive Gain* (New York: Free Press, 1986), 90–102.
2. Joe Halverson, "Why the MLB Draft Is the Best Bargain in the Game," Bleacher Report, February 2, 2011, http://bleacherreport.com/articles/593565-why-the-mlb-draft-is-the-best-bargain-in-the-game; "Baseball Signing Bonuses," Baseball Almanac, accessed April 3, 2020, http://www.baseball-almanac.com/players/baseball_signing_bonus.shtml; Steve Henson, "Borchard Signs for Record Bonus," *Los Angeles Times*, July 29, 2000.

5. 换位思考，评估对方的保留点

1. Guhan Subramanian, *Negotiauctions: New Dealmaking Strategies for a Competitive Marketplace* (New York: W. W. Norton, 2010), 3–4.
2. Subramanian, *Negotiauctions*, 8–9.
3. Richard P. Larrick and George Wu, "Claiming a Large Slice of a Small Pie: Asymmetric Disconfirmation in Negotiation," *Journal of Personality and Social Psychology* 93, no. 2 (2007): 212–33.
4. See Subramanian, *Negotiauctions*, 94–95; James Surowiecki, "The Agony of Victory and the Thrill of Defeat," *New Yorker*, January 8, 2001, 31.

7. 谁先报价

1. Binion told this story during a panel discussion on poker and negotiation. See "How to Play Your Hand: Lessons for Negotiators from Poker," *UNLV Gaming Law Journal* 2 (2011): 231, 234.

8. 我们都是销售员

1. Joshua William Busby, "Bono Made Jesse Helms Cry: Jubilee 2000, Debt Relief, and Moral Action in International Politics," *International Studies Quarterly* 51, no. 2 (2007): 247, 266–67; Lisa Ann Richey and Stefano Ponte, "Better (Red)™ Than Dead? Celebrities, Consumption and International Aid," *Third World Quarterly* 29, no. 4 (2008): 711; James Traub, "The Statesman," *New York Times Magazine*, September 18, 2005.
2. Traub, "The Statesman."
3. Busby, "Bono Made Jesse Helms Cry," 247–48, 266.

4. Daniel Pink, *To Sell Is Human: The Surprising Truth about Moving Others* (New York: Riverhead Books, 2012), 22.

9. 谈判是系统 2 决策

1. This question is part of the Cognitive Reflection Test, developed by Shane Frederick to test individuals' propensity to override System 1 intuitions with System 2 analysis. Shane Frederick, "Cognitive Reflection and Decision Making," *Journal of Economic Perspectives* 19, no. 4 (2005): 25–42.
2. Daniel Kahneman, "Maps of Bounded Rationality: Psychology for Behavioral Economics," *American Economic Review* 93, no. 5 (2003): 1449–75.
3. See Peter Railton, "Intuitive Guidance: Emotion, Information, and Experience," in *Homo Prospectus*, ed. Martin E. P. Seligman et al. (New York: Oxford University Press, 2016), 33–75.
4. Christopher D. Fiorillo, Philippe N. Tobler, and Wolfram Schultz, "Discrete Coding of Reward Probability and Uncertainty by Dopamine Neurons," *Science*, March 21, 2003, 1898–1902.
5. Paul Slovic et al., "The Affect Heuristic," *European Journal of Operational Research* 177, no. 3 (2007): 1333–52; Robert Zajonc, "Feeling and Thinking: Preferences Need No Inferences," *American Psychologist* 35, no. 2 (1980): 151; Robert Zajonc, "On the Primacy of Affect," *American Psychologist* 39, no. 2 (1984): 117–23; Luiz Pessoa, "On the Relationship between Emotion and Cognition," *Nature Reviews Neuroscience* 9, no. 2 (2008): 148.
6. Daniel Kahneman, *Thinking, Fast and Slow* (New York: Farrar, Straus and Giroux, 2011), 12.

10. 一个硬币的两面

1. Scott Rothman and Rajiv Joseph, *Draft Day*, directed by Ivan Reitman (Lionsgate, 2014), DVD.

11. 灵活变通

1. Neil Rackham, *SPIN Selling* (New York: McGraw-Hill Education, 2017), 3, 14.
2. It is likely that Epictetus is not actually the source of this proverb. "'Two Ears, One Mouth': Hunting a Proverb from Zeno to Paul's Mom," Sententiae Antiquae, May 15, 2016.
3. Rackham relates that in most successful sales the customer describes the benefit in response to the salesperson's questions. Rackham, *SPIN Selling*, 17, 81–88. Academic research suggests that asking whether a speaker's position is convincing leads to higher levels of agreement than asserting the position. Robert E. Burnkrant and

Daniel J. Howard, "Effects of the Use of Introductory Rhetorical Questions versus Statements on Information Processing," *Journal of Personality and Social Psychology* 47, no. 6 (1984): 1218–30.

12. 比较的对象?

1. Dan Ariely, *Predictably Irrational: The Hidden Forces That Shape Our Decisions* (New York: HarperCollins, 2009), 1–6.
2. Christopher K. Hsee, "The Evaluability Hypothesis: An Explanation for Preference Reversals between Joint and Separate Evaluations of Alternatives," *Organizational Behavior and Human Decision Processes* 67, no. 3 (1996): 247–57.
3. Amos Tversky and Itamar Simonson, "Context-Dependent Preferences," *Management Science* 39, no. 10 (1993): 1179–89.
4. William Poundstone, *Priceless: The Myth of Fair Value (and How to Take Advantage of It)* (New York: Hill and Wang, 2010), 158.
5. Robert B. Cialdini et al., "Reciprocal Concessions Procedure for Inducing Compliance: The Door-in-the-Face Technique," *Journal of Personality and Social Psychology* 31, no. 2 (1975): 206–15.

13. 数值锚定

1. Edward J. Joyce and Gary C. Biddle, "Anchoring and Adjustment in Probabilistic Inference in Auditing," *Journal of Accounting Research* 19, no. 1 (1981): 120–45.
2. Amos Tversky and Daniel Kahneman, "Judgment under Uncertainty: Heuristics and Biases," *Science*, September 27, 1974, 1124–31.
3. Brandon M. Turner and Dan R. Schley, "The Anchor Integration Model: A Descriptive Model of Anchoring Effects," *Cognitive Psychology* 90 (2016): 1–47.
4. Margaret Ann Neale and Max H. Bazerman, *Cognition and Rationality in Negotiation* (New York: Free Press, 1991); Gregory B. Northcraft and Margaret A. Neale, "Experts, Amateurs, and Real Estate: An Anchoring-and-Adjustment Perspective on Property Pricing Decisions," *Organizational Behavior and Human Decision Processes* 39, no. 1 (1987): 84, 87–91.
5. Russell Korobkin and Chris Guthrie, "Psychological Barriers to Litigation Settlement: An Experimental Approach," *Michigan Law Review* 93, no. 1 (1994): 107.
6. Adam Galinsky and Maurice Schweitzer, *Friend and Foe: When to Cooperate, When to Compete, and How to Succeed at Both* (London: Random House Business Books, 2015), 258.

14. 损失厌恶

1. Daniel Kahneman and Amos Tversky, "Choices, Values, and Frames," *American Psy-*

chologist 39, no. 4 (1984): 341–50.

2. William Samuelson and Richard Zeckhauser, "Status Quo Bias in Decision Making," *Journal of Risk and Uncertainty* 1, no. 1 (1988): 7–59.
3. *Popov v. Hayashi*, No. 400545, 2002 WL 31833731 (Ca. Sup. Ct. 2002).
4. Peter Adomeit, "The Barry Bonds Baseball Case—An Empirical Approach—Is Fleeting Possession Five Tenths of the Ball?," *Saint Louis University Law Review* 48, no. 2 (2004): 475.

15. 高估胜利的结果

1. George Loewenstein et al., "Self-Serving Assessments of Fairness and Pretrial Bargaining," *Journal of Legal Studies* 22, no. 1 (1993): 135, 145–55.
2. Jane Goodman-Delahunty et al., "Insightful or Wishful: Lawyers' Ability to Predict Case Outcomes," *Psychology, Public Policy and Law* 16, no. 2 (2010): 133.
3. Tali Sharot, "The Optimism Bias," *Current Biology* 21 (2011): R941, R942–44.
4. Garrison Keillor, "The Lake Wobegon Effect," A Prairie Home Companion, April 1, 2013, https://web.archive.org/web/20170902094711/https://www.prairiehome.org/story/2013/04/01/the-lake-wobegon-effect. (Actually, according to Keillor, what has become known as the "Lake Wobegon effect" is really a misunderstanding of the sentiment he expressed in the conclusion of every edition of *A Prairie Home Companion*. In response to a listener's question, Keillor explained that the notion that "all the children are above average" expresses a distaste of trying to stand out: the phrase means that in Lake Wobegon things like test scores don't count for much. "The 'Lake Wobegon effect' is a bunch of hogwash, as far as Lake Wobegon is concerned.")
5. Stephen J. Hoch, "Counterfactual Reasoning and Accuracy in Predicting Personal Events," *Journal of Experimental Psychology* 11, no. 4 (1985): 719, 725; James R. Dalziel and Raymond F. Soames Job, "Motor Vehicle Accidents, Fatigue and Optimism Bias in Taxi Drivers," *Accident Analysis and Prevention* 29, no. 4 (1997): 489, 493; Kathryn Patricia Cross, "Not Can, but Will College Teaching Be Improved?," *New Directions for Higher Education* 1977, no. 17 (1977): 1, 10.
6. Lisa Bortolotti and Magdalena Antrobus, "Costs and Benefits of Realism and Optimism," *Current Opinion in Psychiatry* 28, no. 2 (2015): 194–98.
7. Cameron Anderson et al., "A Status-Enhancement Account of Overconfidence," *Journal of Personality and Social Psychology* 103, no. 4 (2012): 718–35; Jerry Useem, "Why It Pays to Be a Jerk," *The Atlantic*, June 2015.
8. Albert H. Hastorf and Hadley Cantril, "They Saw a Game: A Case Study," *Journal of Abnormal and Social Psychology* 49, no. 1 (1954): 129–34.
9. Richard Roll, "The Hubris Hypothesis of Corporate Takeovers," *Journal of Business* 59, no. 2 (1986): 197–216. Suggesting overconfidence by individual decision makers explains why businesses overbid and overpay for acquisitions when recent ones have done well. That is, decision makers believe their prior success and ability to control

the outcome will mean continuing success.
10. Don A. Moore, "Not So Above Average After All: When People Believe They Are Worse Than Average and Its Implications for Theories of Bias in Social Comparison," *Organizational Behavior and Human Decision Processes* 102, no. 1 (2007): 42–58.

16. 可得性启发

1. Malcolm Gladwell, "The Engineer's Lament: Two Ways of Thinking about Automotive Safety," *New Yorker*, May 4, 2015.
2. Paul J. Becker, Arthur J. Jipson, and Alan S. Bruce, "State of Indiana v. Ford Motor Company Revisited," *American Journal of Criminal Justice* 26, no. 2 (2002): 181–202.
3. Amos Tversky and Daniel Kahneman, "Availability: A Heuristic for Judging Frequency and Probability," *Cognitive Psychology* 5, no. 2 (1973): 207–32.
4. For an excellent analysis of this, see Gary T. Schwartz, "The Myth of the Ford Pinto Case," *Rutgers Law Review* 43, no. 4 (1991): 1013–68.

17. 用共识进行谈判

1. Solomon E. Asch, "Effects of Group Pressure upon the Modification and Distortion of Judgments," in *Groups, Leadership and Men: Research in Human Relations*, ed. Harold Guetzkow (Oxford, UK: Carnegie Press, 1951), 177–90.
2. Stanley Milgram, "Behavioral Study of Obedience," *Journal of Abnormal and Social Psychology* 67, no. 4 (1963): 371–78.
3. Noah J. Goldstein, Vladas Griskevicius, and Robert B. Cialdini, "Invoking Social Norms: A Social Psychology Perspective on Improving Hotels' Linen-Reuse Programs," *Cornell Hospitality Quarterly* 48, no. 2 (2007): 145–50.
4. James Surowiecki, *The Wisdom of Crowds* (New York: Anchor Books, 2004), 4.
5. Trident Gum, "Four out of Five Dentists Recommend Trident Sugarless Gum," video, posted by MondelezSalesPortal April 21, 2014, https://www.youtube.com/watch?v=tXqAyMhgc7I.
6. Hershey H. Friedman and Linda Friedman, "Endorser Effectiveness by Product Type," *Journal of Advertising Research* 19, no. 5 (1979): 63–71.

18. 抗拒心理

1. "Home" page, Colleen Szot: Wonderful Writer, accessed April 3, 2020, http://wonderfulwriter.com/.
2. Steve Martin, "98% of HBR Readers Love This Article," *Harvard Business Review*, October 2012.
3. Jack W. Brehm, "Postdecision Changes in the Desirability of Alternatives," *Journal*

of Abnormal and Social Psychology 52, no. 3 (1956): 384–89.
4. *Modern Family*, "Aunt Mommy" episode, directed by Michael A. Spiller, written by Abraham Higginbotham and Dan O'Shannon, aired February 15, 2012, on ABC.
5. *Silicon Valley*, "Runaway Devaluation" episode, directed by Mike Judge, written by Ron Weiner, aired April 19, 2015, on HBO.
6. Elizabeth Weintraub, "Why Average Days on Market Matter to Home Buyers," The Balance, July 26, 2016, https://www.thebalance.com/why-days-on-market-matter-to-home-buyers-1798769.
7. Lee Ross and Andrew Ward, "Psychological Barriers to Dispute Resolution," *Advances in Experimental Social Psychology* 27 (1995): 255–304; Lee Ross and Constance Stillinger, "Barriers to Conflict Resolution," *Negotiation Journal* 7, no. 4 (1991): 389–404.
8. Ifat Maoz et al., "Reactive Devaluation of an 'Israeli' vs. 'Palestinian' Peace Proposal," *Journal of Conflict Resolution* 46, no. 4 (2002): 515–46.
9. Lee Ross, "Reactive Devaluation in Negotiation and Conflict Resolution," in *Barriers to Conflict Resolution*, ed. Kenneth J. Arrow et al. (New York: W. W. Norton, 1995), 27–42.

19. 投其所好

1. Ron Grossman, "Unlikely Civil Rights Hero: Illinois' Everett Dirksen Rose to the Occasion 50 Years Ago to Get Civil Rights Act Passed," *Chicago Tribune*, June 28, 2014.
2. Adam M. Grant and David A. Hofmann, "It's Not All about Me: Motivating Hand Hygiene among Health Care Professionals by Focusing on Patients," *Psychological Science* 22 (2011): 1494–99.
3. Philip H. Dougherty, "Advertising: Michelin's Broader Approach," *New York Times*, January 10, 1985.

20. 讨喜的好处

1. *Veep*, "Frozen Yoghurt" episode, directed by Armando Iannucci, written by Simon Blackwell and Armando Iannucci, aired April 29, 2012, on HBO.

21. 交易中的创造性

1. Frank Partnoy, *The Match King: Ivar Kreuger, the Financial Genius behind a Century of Wall Street Scandals* (New York: PublicAffairs, 2009), 23–25, 226.
2. Partnoy, *The Match King*, 22–23.

22. 酒、羊毛和国家财富

1. Howard Raiffa, *The Art and Science of Negotiation* (Cambridge, MA: Belknap Press of Harvard University Press, 1982), 131; M. P. Follett, "Constructive Conflict," in *Dynamic Administration: The Collected Papers of Mary Parker Follett*, ed. H. C. Metcalf and L. Urwick (New York: Harper, 1940), 30–49; Richard E. Walton and Robert B. McKersie, *A Behavioral Theory of Labor Negotiations* (New York: McGraw-Hill, 1965), xii.
2. Adam Smith, *The Wealth of Nations* (New York: Modern Library, 1994), 399.
3. David Ricardo, *On Principles of Political Economy and Taxation* (Amherst, NY: Prometheus Books, 1996), 27–29.
4. Economists call this standard "Kaldor-Hicks efficiency." Antony W. Dnes, *Principles of Law and Economics*, 3rd ed. (Northampton, MA: Edward Elgar Publishing, 2018), 9–11, 149–50.
5. Economists call this standard "Pareto efficiency," after the economist Vilfredo Pareto. Technically, a transaction is Pareto efficient if at least one party is made better off and no party is made worse off. Thomas M. Tripp and Harris Sondak, "An Evaluation of Dependent Variables in Experimental Negotiation Studies: Impasse Rates and Pareto Efficiency," *Organizational Behavior and Human Decision Processes* 51, no. 2 (1992): 279–80.

23. 增加成本

1. Arnold Whitridge, "The Louisiana Purchase, 1803: America Moves West," *History Today* 3, no. 7 (1953): 476–83.
2. Farhad Manjoo, "The Rise of the Fat Start-Up," *New York Times*, May 24, 2017; Opendoor, "Our Pricing," accessed April 3, 2020, https://www.opendoor.com/pricing.
3. According to lore, the violinist was Fritz Kreisler.

24. 拆分和删减

1. Shirley A. Kan et al., *China-U.S. Aircraft Collision Incident of April 2001: Assessments and Policy Implications*, CRS Report for Congress RL30946, October 10, 2001; Hang Zhang, "Culture and Apology: The Hainan Island Incident," *World Englishes* 20, no. 3 (2003): 383–91.
2. Michael B. Oren, *Six Days of War: June 1967 and the Making of the Modern Middle East* (New York: Oxford University Press, 2002), 170–73, 305–9.
3. Shibley Telhami, "The Camp David Accords: A Case of International Bargaining," *Pew Case Studies in International Affairs, Case 445* (Washington, DC: Institute for the Study of Diplomacy, 1992).
4. Fisher, Ury, and Patton, *Getting to Yes*, 24.

25. 滚木材

1. Davy Crockett, *An Account of Col. Crockett's Tour to the North and Down East* (Philadelphia: Carey and Hart, 1835), 120; Nicholas R. Miller, "Logrolling, Vote Trading, and the Paradox of Voting: A Game-Theoretical Overview," *Public Choice* 30 (1977): 51–75.
2. Martin Tolchin, "Social Security: Compromise at Long Last," *New York Times*, January 20, 1983, sec. B; Robert A. Rosenblatt, "Social Security Accord Reached: Presidential Panel Agrees on Plan; Reagan, O'Neill Support Proposals," *Los Angeles Times*, January 16, 1983, sec. A.
3. David E. Rosenbaum, "The Tax Reform Act of 1986: How the Measure Came Together; A Tax Bill for the Textbooks," *New York Times*, October 23, 1986, sec. D; David E. Rosenbaum, "Sweeping Tax Bill Approved in House by 292–136 Margin," *New York Times*, September 26, 1986, sec. A.
4. David Stephenson, "Fortune Is Strong with Alec's Estate," *Daily Express*, May 17, 2009; "Alec Guinness—1977 First Star Wars Interview—Michael Parkinson BBC TV," interview with Michael Parkinson, video, 6:36, posted by UKToyCollector1977 September 6, 2013, https://www.youtube.com/watch?time_continue=120&v=gyhO2uRA4FM.
5. Max H. Bazerman and Margaret A. Neale, "Heuristics in Negotiation: Limitations to Effective Dispute Resolution," in *Negotiating in Organizations*, ed. M. H. Bazerman and R. J. Lewicki (Beverly Hills, CA: Sage, 1983), 62–63; Max H. Bazerman and Margaret A. Neale, *Negotiating Rationally* (New York: Free Press, 1992), 16–22.
6. Leigh Thompson and Dennis Hrebec, "Lose-Lose Agreements in Interdependent Decision Making," *Psychological Bulletin* 120, no. 3 (1996): 396–409.

26. 解决"柠檬"问题

1. George A. Akerlof, "'The Market for Lemons': Quality Uncertainty and the Market Mechanism," *Quarterly Journal of Economics* 84, no. 3 (1970): 490.
2. George A. Akerlof, "Writing the 'The Market for Lemons': A Personal and Interpretive Essay," NobelPrize.org, accessed April 3, 2020.
3. 26 U.S. Code § 5000A (2010).
4. *Nat'l Fed'n of Indep. Bus. v. Sebelius*, 567 U.S. 519, 132 S. Ct. 2566 (2012).

27. 防止逃避责任

1. Mnookin, Peppet, and Tulumello, *Beyond Winning*, 141.
2. Christopher S. Harrison, *Make the Deal: Negotiating Mergers and Acquisitions* (New York: John Wiley and Sons, 2016), 59.
3. Subramanian, *Negotiauctions*, 22–24.

28. 奥运筹备期的艰难谈判

1. Dan Milmo, "Bus Strike over Olympic Pay Disrupts London Services," *The Guardian*, June 22, 2012.
2. Emma Clark, "Bus Drivers Bring London to a Halt as They Strike over Demands for £500 Olympics Bonus," *Daily Mail*, June 22, 2012.
3. "London Bus Workers Accept Olympic Bonus Offer," *The Guardian*, July 18, 2012.
4. Walter Isaacson, *Steve Jobs* (New York: Simon and Schuster, 2011), 284–92.
5. See, e.g., Vandra L. Huber and Margaret A. Neale, "Effects of Self- and Competitor Goals on Performance in an Interdependent Bargaining Task," *Journal of Applied Psychology* 72, no. 2 (1987): 197–203 (finding subjects assigned higher "requirements" for agreeing to a deal achieved better results); Margaret A. Neale and Max H. Bazerman, "The Effect of Externally Set Goals on Reaching Integrative Agreements in Competitive Markets," *Journal of Occupational Behavior* 6, no. 1 (1985): 19–32 (subjects told it was "against company policy" to accept a deal that would provide less than specified levels of profit in multi-issue negotiation earned more profit but took longer to reach agreements when given a high profit requirement than when given a low profit requirement or no requirement). See also Gregory B. Northcraft et al., "Joint Effects of Assigned Goals and Training on Negotiator Performance," *Human Performance* 7, no. 4 (1994): 257–72.

29. 美丽心灵

1. In addition to capturing the Best Picture Oscar, the movie also won awards for Best Director, Best Adapted Screenplay, and Best Supporting Actress.
2. John F. Nash Jr., "The Bargaining Problem," *Econometrica* 18, no. 2 (1950): 155–62.
3. See Nash, "The Bargaining Problem," 155–56.
4. In addition to Nash's seminal article, good descriptions can be found in Abhinay Muthoo, *Bargaining Theory with Applications* (New York: Cambridge University Press, 1999); and E. Kalai, "Solutions to the Bargaining Problem," in *Social Goals and Social Organization*, ed. L. Hurwicz, D. Schmeidler, and H. Sonnenschein (Cambridge: Cambridge University Press, 1985).

30. 虚张声势

1. See Lawrence Bacow and Michael Wheeler, "Joint Problem Solving," in *Environmental Dispute Resolution* (New York: Springer Publishing, 1984), 73–74. The story is told slightly differently in different sources.
2. For Khrushchev's ultimatum, see U.S. State Department, "The Berlin Crisis, 1958–1961," January 10, 2017, https://history.state.gov/milestones/1953-1960/berlin-crises.
3. Don Oberdorfer, "Leaders Come to Grips with Post–Cold War Era," *Washington*

Post, November 30, 1989.
4. Oberdorfer, "Leaders Come to Grips."

31. 同时报价

1. *Rebel without a Cause*, directed by Nicholas Ray (1955; Warner Bros.), motion picture.
2. Thomas Schelling, *The Strategy of Conflict* (Cambridge, MA: Harvard University Press, 1960).
3. Ian Ayres, "Founders," stickK.com, January 7, 2017, https://www.stickk.com/founders.
4. stickK.com, "What's an Anti-Charity?," accessed April 3, 2020, https://stickk.zendesk.com/hc/en-us/articles/206833337-What-s-an-Anti-Charity-.

32. 公海上的声誉和理性

1. Ishaan Tharoor, "How Somalia's Fishermen Became Pirates," *Time*, April 18, 2009.
2. *Captain Phillips*, directed by Paul Greengrass (2013; Columbia Pictures), motion picture; Richard Phillips and Stephan Talty, *A Captain's Duty* (New York: Hyperion Books, 2010).
3. Currun Singh and Arjun Singh Bedi, "War on Piracy: The Conflation of Somali Piracy with Terrorism in Discourse, Tactic, and Law," *Security Dialogue* 47, no. 5 (2016): 441.
4. Ingrid Melander and Lefteris Papadimas, "Somali Pirates Free Irene SL Tanker: Greek Coast Guard," Reuters, April 8, 2011.
5. Jay Bahadur, *The Pirates of Somalia: Inside Their Hidden World* (New York: Pantheon Books, 2011), 177–203.
6. Schelling, *The Strategy of Conflict*, 22.

33. 温柠檬水和耐心的力量

1. Ariel Rubinstein, "Perfect Equilibrium in a Bargaining Model," *Econometrica* 97, no. 1 (1982): 98–99; H. Peyton Young, "Negotiation Analysis," in *Negotiation Analysis* (Ann Arbor: University of Michigan Press, 1991), 6–7.
2. *Ozark*, "Kevin Cronin Was Here" episode, directed by Cherien Dabis, written by Ning Zhou and Paul Kolsby, aired March 27, 2020, on Netflix.
3. Bahadur, *The Pirates of Somalia*, 287–89.

34. 最后通牒游戏和独裁者游戏

1. Werner Güth, Rolf Schmittberger, and Bernd Schwarze, "An Experimental Analysis of Ultimatum Bargaining," *Journal of Economic Behavior and Organization* 3, no. 4 (1982): 367–88.
2. For a history, see Werner Güth and Martin G. Kocher, "More Than Thirty Years of Ultimatum Bargaining Experiments: Motives, Variations, and a Survey of the Recent Literature," *Journal of Economic Behavior and Organization* 108 (2014): 396–409.
3. See Güth and Kocher, "More Than Thirty Years of Ultimatum Bargaining Experiments."
4. Joseph Henrich et al., "In Search of Homo Economicus: Behavioral Experiments in 15 Small-Scale Societies," *American Economic Review* 91, no. 2 (2001): 73–78.
5. In *Getting to Yes*, Roger Fisher and William Ury advise negotiators to make a conscious tactic out of what seems to be a biologically ingrained attitude, telling negotiators who face threats to yield only if the other negotiator can provide an objective principle to justify his agreement proposal. Fisher, Ury, and Patton, *Getting to Yes*, 81–96.
6. Milmo, "Bus Strike over Olympic Pay"; Clark, "Bus Drivers Bring London to a Halt."
7. Milmo, "Bus Strike over Olympic Pay"; Clark, "Bus Drivers Bring London to a Halt."
8. An alternative conceptual approach is to understand Fairness Norms as directly affecting the negotiator's reservation point, because perceptions of whether or not an agreement is fair affect the utility generated by the agreement. For example, if Tube employees earn £27 per hour and the bus drivers believe that working for less than that would be deeply unfair, we could say that their reservation price is £27 because the *material utility* they would derive from a wage of £20–£26, minus the negative *transactional utility* they would suffer if they were to accept any wage of less than £27, would be less than the expected utility of striking. For the distinction between material and transactional utility, see Richard Thaler, "Mental Accounting and Consumer Choice," *Marketing Science* 4, no. 3 (1985): 199–214; Richard Thaler, "Transactional Utility Theory," in *Advances in Consumer Research*, ed. Richard P. Bagozzi and Alice M. Tybout (Ann Arbor, MI: Association for Consumer Research, 1983), 229–32.
9. A meta-analysis studying 129 dictator game papers finds these overall results. Christophe Engle, "Dictator Games: A Meta Study," *Experimental Economics* 14, no. 4 (2011): 583–610.

35. 分配公正

1. Economic Growth and Tax Relief Reconciliation Act of 2001, Pub. L. No. 107-16 (2001); Jobs and Growth Tax Relief Reconciliation Act of 2003, Pub. L. No. 108-27 (2003).
2. Tax Relief, Unemployment Insurance Reauthorization, and Job Creation Act of

2010, Pub. L. No. 111-312 (2010).
3. E. Klein, "Wonkbook: The Fiscal Cliff Is Finished," *Washington Post*, January 2, 2013. 89% of Senate Republicans voted yes, while only 36% of House Republicans voted yes. House vote Yes: 85 R, 172 D; House vote No: 151 R, 16 D; Senate vote Yes: 40 R, 49 D; Senate vote No: 5 R, 3 D.
4. Tax Cuts and Jobs Act of 2017, Pub. L. No. 115-97 (2017); The Joint Committee on Taxation, *Distributional Effects of the Conference Agreement for H.R.1, the "Tax Cuts and Jobs Act"* (Washington, DC: United States Congress, 2017); William G. Gale et al., "Effects of the Tax Cuts and Jobs Act, a Preliminary Analysis" (Washington, DC: Urban Institute and Brookings Institution, 2018), 33–36.
5. House vote Yes: 227 R, 0 D; House vote No: 13 R, 192 D; Senate vote Yes: 51 R, 0 D; Senate vote No: 1 R, 46 D, 2 I.
6. For a classic description of the principles of distributive justice, see Morton Deutsch, "Equity, Equality, and Need: What Determines Which Value Will Be Used as the Basis of Distributive Justice?," *Journal of Social Issues* 31, no. 3 (1975): 137–49.
7. See J. Stacy Adams, "Toward an Understanding of Inequity," *Journal of Abnormal and Social Psychology* 67, no. 5 (1963): 422–36.
8. Elizabeth A. Mannix et al., "Equity, Equality, or Need? The Effects of Organizational Culture on the Allocation of Benefits and Burdens," *Organizational Behavior and Human Decision Processes* 63, no. 3 (1995): 276–86.
9. Henrich et al., "In Search of Homo Economicus," 73–78.
10. Werner Güth and Reinhard Tietz, "Ultimatum Bargaining Behavior: A Survey and Comparison of Experimental Results," *Journal of Economic Psychology* 11, no. 3 (1990): 417–49.
11. Elizabeth Hoffman et al., "Preferences, Property Rights, and Anonymity in Bargaining Games," *Games and Economic Behavior* 7, no. 3 (1994): 346–80.
12. Harris Sondak, Margaret A. Neale, and Robin L. Pinkley, "Relationship, Contribution, and Resource Constraints: Determinants of Distributive Justice in Individual Preferences and Negotiated Agreements," *Group Decision and Negotiation* 8, no. 6 (1999): 489–510.
13. Eugene Kiely, "'You Didn't Build That,' Uncut and Unedited," FactCheck.org, July 23, 2012; Juli Weiner, "The Rise of Romney's 'You Didn't Build That' Meme," *Vanity Fair*, July 18, 2012.

36. 惯例

1. Robert C. Ellickson, *Order without Law* (Cambridge, MA: Harvard University Press, 1994).
2. Iris Bohnet and Richard Zeckhauser, "Social Comparisons in Ultimatum Bargaining," *Scandinavian Journal of Economics* 106, no. 3 (2004): 495–510.
3. Sarah F. Brosnan and Frans B. M. de Waal, "Monkeys Reject Unequal Pay," *Nature*, September 18, 2003, 297–99.

37. 市场价格的作用

1. Steven Lubet, "Notes on the Bedouin Horse Trade or 'Why Won't the Market Clear, Daddy?,'" *Texas Law Review* 74, no. 5 (1996): 1039–57.

38. 比较点

1. Emily Yoffe, "A Wee Problem," Slate.com, August 12, 2014.
2. Bill Carter, "'Friends' Deal Will Pay Each of Its 6 Stars $22 Million," *New York Times*, February 12, 2002.
3. Bill Carter, "Saved by Timely Hit, NBC Is Ready for an Ad Kickoff," *New York Times*, May 17, 2004.
4. Brooks Barnes, "Reality Checks: Unscripted Shows Become a Money Pit," *Wall Street Journal*, July 27, 2004.
5. Scott Collins, "Trump Demonstrates How to Get Rich—Quick—He Wangles a Big Pay Bump for His Hit NBC Show, 'The Apprentice,'" *Los Angeles Times*, April 12, 2004.

39. 集市之舞

1. *Monty Python's Life of Brian*, directed by Terry Jones, written by Graham Chapman et al. (1979; HandMade Films, 1999), DVD.
2. Raiffa, *The Art and Science of Negotiation*, 47.
3. Pink, *To Sell Is Human*, 11–12.
4. Samuel Bowles and Herbert Gintis, "Origins of Human Cooperation," in *Genetic and Cultural Evolution of Cooperation*, ed. Peter Hammerstein (Cambridge, MA: MIT Press, 2003), 429–42.
5. Jake Rossen, *Superman vs. Hollywood: How Fiendish Producers, Devious Directors, and Warring Writers Grounded an American Icon* (Chicago: Chicago Review Press, 2008), 71.
6. Dennis T. Regan, "Effects of a Favor and Liking on Compliance," *Journal of Experimental Social Psychology* 7, no. 6 (1971): 627–39.
7. Jerry M. Burger et al., "The Norm of Reciprocity as an Internalized Social Norm: Returning Favors Even When No One Finds Out," *Social Influence* 4, no. 1 (2009): 11–17.
8. Daniel Klerman and Lisa Klerman, "Inside the Caucus: An Empirical Analysis of Mediation from Within," *Journal of Empirical Legal Studies* 12, no. 4 (2015): 686–715.
9. Herbert R. Northrup, "The Case for Boulwarism," *Harvard Business Review* 41 (1963): 86–97.

40. 位置决定立场

1. Paloma Ubeda, "The Consistency of Fairness Rules: An Experimental Study," *Journal of Economic Psychology* 41 (2014): 88–100. See David M. Messick and Keith P. Sentis, "Fairness and Preference," *Journal of Experimental Social Psychology* 14, no. 4 (1979): 418; George Loewenstein et al., "Self-Serving Assessments of Fairness and Pretrial Bargaining," *Journal of Legal Studies* 22, no. 1 (1993): 135.
2. William Austin, "Friendship and Fairness: Effects of Type of Relationship and Task Performance on Choice of Distribution," *Personal and Social Psychology Bulletin* 6, no. 3 (1980).
3. Rufus E. Miles, "The Origin and Meaning of Miles' Law," *Public Administration Review* 38, no. 5 (1978): 399–403.

44. 囚徒困境中的谈判

1. The structure of the dilemma was first devised by Merrill Flood and Melvin Dresher at the RAND Corporation think tank in 1950. Mathematician Albert Tucker gave it its name.
2. The prisoner's dilemma story is told in many different ways. What is important is the structure of the payoffs that each "prisoner" receives based on the combination of his decision and the other prisoner's decision.
3. David Sally, "Conversation and Cooperation in Social Dilemmas: A Meta-analysis of Experiments from 1958–1992," *Rationality and Society* 7 (1995): 60.
4. Lax and Sebenius, *The Manager as Negotiator*, 29.
5. Stephen M. R. Covey, *The Speed of Trust: The One Thing That Changes Everything* (New York: Free Press, 2006), 15.
6. Joyce Berg, John Dickhaut, and Kevin McCabe, "Trust, Reciprocity, and Social History," *Games and Economic Behavior* 10 (1995): 122–42.

45. 信任谁？什么时候信任？

1. Paul J. Zak and Stephen Knack, "Trust and Growth," *Economic Journal* 111 (April 2001): 316–18; David Dollar and Aart Kraay, "Institutions, Trade, and Growth," *Journal of Monetary Economics* 50, no. 1 (2003).
2. The results are described in Robert Axelrod, *The Evolution of Cooperation* (Cambridge, MA: Basic Books, 1984). In the tournaments run by Axelrod, the most successful strategy, which he called "Tit-for-Tat," involved cooperating in the first round of the game and then in each subsequent round mimicking the strategy of the other player in the previous round.
3. Dora L. Costa and Matthew E. Kahn, *Heroes and Cowards: The Social Face of War* (Princeton, NJ: Princeton University Press, 2008), 18–20, 120–31.
4. Costa and Kahn, *Heroes and Cowards*, 143–55.

5. Yuval Noah Harari, *Sapiens: A Brief History of Humankind* (New York: HarperCollins, 2015), 101–3.
6. Donald E. Brown, *Human Universals* (New York: McGraw Hill, 1991), 130–41.
7. Varda Liberman, Steven M. Samuels, and Lee Ross, "The Name of the Game: Predictive Power of Reputations versus Situational Labels in Determining Prisoner's Dilemma Game Moves," *Personality and Social Psychology Bulletin* 30 (September 2004): 1175–85.
8. Terence Burnham, Kevin McCabe, and Vernon L. Smith, "Friend-or-Foe Intentionality Priming in an Extensive Form Trust Game," *Journal of Economic Behavior and Organization* 43, no. 1 (2000): 57–73.
9. Lynn Stout, *Cultivating Conscience: How Good Laws Make Good People* (Princeton, NJ: Princeton University Press, 2011), 106–8.
10. Klerman and Klerman, "Inside the Caucus."
11. Maurice E. Schweitzer and Rachel Croson, "Curtailing Deception: The Impact of Direct Questions on Lies and Omissions," *International Journal of Conflict Management* 10, no. 3 (1999): 225–48.
12. See Gary Charness and Martin Dufwenberg, "Promises and Partnership," *Econometrica* 74, no. 6 (2006): 1579.
13. Ross and Ward, "Psychological Barriers to Dispute Resolution," 255.
14. Ernst Fehr and Herbert Gintis, "Human Motivation and Social Cooperation: Experimental and Analytical Foundations," *Annual Review of Sociology* 33 (2007).
15. Stout, *Cultivating Conscience*, 189–90, n. 23.

46. 建立信任的策略

1. Costa and Kahn, *Heroes and Cowards*.
2. Nancy Buchan and Rachel Croson, "The Boundaries of Trust: Own and Others' Actions in the U.S. and China," *Journal of Economic Behavior and Organization* 55, no. 4 (2004): 485.
3. Stout, *Cultivating Conscience*, 146–47.
4. Sally, "Conversation and Cooperation in Social Dilemmas," 78–83.
5. Paul J. Zak, *The Moral Molecule: How Trust Works* (New York: Dutton, 2012), 22–27.
6. Zak, *The Moral Molecule*, 44.
7. Amiee L. Drolet and Michael W. Morris, "Rapport in Conflict Resolution: Accounting for How Face-to-Face Contact Fosters Mutual Cooperation in Mixed-Motive Conflicts," *Journal of Experimental Social Psychology* 36, no. 1 (2000): 26, 42.
8. April H. Crusco and Christopher G. Wetzel, "The Midas Touch: Effects of Interpersonal Touch on Restaurant Tipping," *Personal and Social Psychology Bulletin* 10, no. 4 (1984): 512–17; Frank N. Willis and Helen K. Hamm, "The Use of Interpersonal Touch in Securing Compliance," *Journal of Nonverbal Behavior* 5, no. 1 (1980): 49–55; Damien Erceau and Nicolas Gueguen, "Tactile Contact and Evaluation of the Toucher," *Journal of Social Psychology* 147, no. 4 (2007): 441–44.
9. Don A. Moore et al., "Long and Short Routes to Success in Electronically Mediated

Negotiations: Group Affiliation and Good Vibrations," *Organizational Behavior and Human Decision Processes* 77, no. 1 (1999): 22; Janice Nadler and Donna Shestowsky, "Negotiation, Information Technology, and the Problem of the Faceless Other," in *Negotiation Theory and Research*, ed. Leigh L. Thompson (New York: Psychology Press, 2006), 145, 162.

10. Zak, *The Moral Molecule*, 174–75.
11. Chris Voss and Tahl Raz, *Never Split the Difference: Negotiating as if Your Life Depended on It* (New York: HarperCollins, 2016), 15–16, 66–105.
12. Voss and Raz, *Never Split the Difference*, 35–36.
13. William W. Maddux, Elizabeth Mullen, and Adam D. Galinsky, "Chameleons Bake Bigger Pies and Take Bigger Pieces: Strategic Behavioral Mimicry Facilitates Negotiation Outcomes," *Journal of Experimental Social Psychology* 44, no. 2 (2008): 461–68.
14. Roderick I. Swaab, William W. Maddux, and Marwan Sinaceur, "Early Words That Work: When and How Virtual Linguistic Mimicry Facilitates Negotiation Outcomes," *Journal of Experimental Social Psychology* 47, no. 3 (2011): 616–21.
15. Meg Whitman and Joan O'C. Hamilton, *The Power of Many: Values for Success in Business and in Life* (New York: Three Rivers Press, 2010), 1–3.
16. Covey, *The Speed of Trust*, 155.
17. Johannes Abeler et al., "The Power of Apology," *Economics Letters* 107, no. 2 (2010): 233–35.
18. Florence R. LeCraw et al., "Changes in Liability Claims, Costs, and Resolution Times Following the Introduction of a Communication-and-Resolution Program in Tennessee," *Journal of Patient Safety and Risk Management* 23, no. 1 (2018): 13–18; Benjamin Ho and Elaine Liu, "What's an Apology Worth? Decomposing the Effect of Apologies on Medical Malpractice Payments Using State Apology Laws," *Journal of Empirical Studies* 8, no. S1 (2011): 179–99.
19. Zak, *The Moral Molecule*, 1–27.
20. Zak, *The Moral Molecule*, 84.

47. 利益的重要性

1. Sally, "Conversation and Cooperation in Social Dilemmas."
2. *Golden Balls*, season 2, episode 4, aired March 14, 2008, on ITV.
3. Maxwell N. Burton-Chellew and Stuart A. West, "Correlates of Cooperation in a One-Shot High-Stakes Televised Prisoners' Dilemma," *PLoS ONE* 7, no. 4 (2012): e33344.
4. Neetzan Zimmerman, "Must Watch: Golden Balls Contestant Wins with Most Ballsy Move Ever," Gawker, April 20, 2012.

结语　如何不断提高你的谈判技能

1. Jason Glatzer, "WSOP Stats: The Biggest Winners, the Best Country, the Most WSOP Bracelets," Pokernews, April 22, 2019; Seth Palansky, "Poker Hall of Fame Announces Class of 2019," WSOP, July 15, 2019.
2. Annie Duke, *Thinking in Bets: Making Smarter Decisions When You Don't Have All the Facts* (New York: Penguin Random House, 2018), 106.
3. George A. Miller, "The Magical Number Seven, Plus or Minus Two: Some Limits on Our Capacity for Processing Information," *Psychological Review* 63, no. 2 (1956): 81–97.